Béatrice Libert

Au pays de Magritte

Regarder, lire, écrire, créer

A mes maîtres,
à mes collègues d'autrefois,
en souvenir de nos exploits pédagogiques.

Editions [Couleur livres] asbl
4, rue Lebeau – 6000 Charleroi
Tél. 00 32 71 32 63 22 - Courriel : couleurlivres@skynet.be

ISBN : 978-2-87003-510-8

D/2009/0029/03

Collection L'Horizon délivré

Béatrice Libert

Au pays de Magritte

Regarder, lire, écrire, créer

Couleur livres

L'œil écoute.

Paul Claudel.

Avoir de l'imagination ne veut pas dire inventer,
mais faire quelque chose avec les choses.

Thomas Mann.

L'art est un moyen d'éduquer le peuple.

Léonard Defrance
(Liège, 1735-1805).

Pourquoi Magritte en classe ?
Pourquoi cet inconnu familier, cet empêcheur de penser en rond ?

Certaines questions sont ainsi faites qu'il semble superflu d'y répondre... C'est évident, pense-t-on ! On veut dire par là : c'est bien naturel !

Naturel. Le mot est étrange à l'égard d'un artiste qui n'a cessé de dérouter, d'étonner, de surprendre par des images aux ressorts surréalistes, sarcastiques, merveilleux, intellectuels, humoristiques, fabuleux...

Pourquoi Magritte ? Sans soute parce qu'en chacun de nous, il y a un *Homo Poeticus* mort jeune. Parce que notre époque a tendance à se complaire dans le consensus mou, la médiocrité, la banalité. En sortir par le haut, voilà l'apport précieux d'un tel créateur. Belge de surcroît, faut-il le souligner ? Soyons-en fiers et semons-en la graine. L'élitisme pour tous, cher à Jean Vilar, passe aussi par ce chemin-là.Et si la peinture, et singulièrement celle de Magritte, servait de vecteur à la pensée ? Et si elle offrait aux enseignants et aux élèves l'occasion de perfectionner la lecture et l'écriture dans une autre perspective que celle choisie habituellement ?

L'art favorise la mise en place de séquences pédagogiques alliant savoirs, savoir-faire et savoir-être qui stimulent l'éclosion de nouvelles cellules souches intellectuelles. Motivation garantie ! Osons des projets. Osons aller jusqu'au bout de nos/leurs idées ; les élèves nous en sauront gré. Visons haut afin de récolter le miel de l'esprit et de la nature humaine.

Notre ouvrage, modeste contribution à une aventure didactique ambitieuse, a pour seule excuse, la passion et pour seule volonté, le partage de valeurs humanistes, littéraires, artistiques. *L'œuvre d'art est le plus court chemin d'un homme à un autre*, écrit très justement, le poète Claude Roy* [1].

Les séquences didactiques qui suivent s'adressent à tous les milieux, tous les âges, tous les passionnés de la beauté. Chaque professeur y tracera son propre chemin. Il enrichira ces propositions de ses connaissances personnelles comme de sa sensibilité. Nous n'avons pas voulu publier une bible ni un catéchisme à suivre à la lettre. Les pistes peuvent aussi être transgressées. L'audace est la mère de la métaphore.

Que la joie féconde vos découvertes ! Qu'elle soit au rendez-vous de votre voyage au pays de Magritte !

---

1 Les * signalent les mots en index.

Première séquence
Bonjour, Monsieur Magritte !

Il faut céder l'initiative au mot.

Stéphane Mallarmé*.

Rêver le nom* du peintre

Activité 1

- Repérez les mots cachés* dans le nom du peintre et constituez une banque lexicale qui vous aidera à écrire des textes ultérieurement.

M A G R I T T E

A vous de continuer !

Ma, mage, magie, marge, mat, mare, mai, mite, rame, arme, rime,................

Activité 2

- Bain d'images : plongez-vous dans un album de Magritte.
- Développez votre banque lexicale en y ajoutant les mots qui vous viennent à l'esprit au fil des pages et après ce bain d'images. N'oubliez pas de noter aussi des verbes.
- Sélectionnez une œuvre qui vous plait particulièrement et notez ses références.
- Sur beau papier, associez cette œuvre à des mots choisis précisément dans votre banque lexicale et mettez-les en page harmonieusement.
- Sur une feuille séparée, justifiez votre sélection par trois raisons personnelles.

Activité 3

- Magritte se prénommait René. D'où vient ce prénom ? Que signifie-t-il ?
- Consultez le dictionnaire des prénoms à "René" ; lisez la définition de "renaître", extraite du dictionnaire "Robert" et reprise ci-dessous, ainsi que la mention extraite du "Dictionnaire des Belges". Comparez les informations. Ce prénom vous paraît-il heureux pour un artiste tel que Magritte ? Pourquoi ?

MAGRITTE René. (Lessines, 1898-1967). Peintre surréaliste. A débuté comme peintre abstrait et futuriste. S'élancera sous l'égide des surréalistes de Belgique pour participer en 1926 à Paris, au groupe des surréalistes de France. Séjour prolongé de 1928 à 1929 et collaboration à "La révolution surréaliste". Revient en Belgique en 1930. Dessine papiers peints et illustrations publicitaires. La peinture est pour lui un instrument de connaissance et de libération qui aide l'homme à se trouver, à trouver le monde et à l'enrichir. Passe avec aisance et naturel du visible à l'invisible, du réel au surréel, des choses objectives aux symboles. Il en résulte une réalité autre, d'une poésie étrange, qui se déploie dans un espace de mystère particulier. Les titres des tableaux doivent servir, selon lui, à nous surprendre et nous enchanter. Ses œuvres jouissent d'une grande renommée internationale.

*Le dictionnaire des Belges**, © Editions Le Cri, Bruxelles.

RENAÎTRE v. *intr.;* conjug. *naître* [rare aux temps composés et p. p.], *rené, ée* (XIIe, « ressusciter, revenir à l'état de grâce »; de *re-*, et *naître*). ♦ 1° Naître de nouveau; recommencer de vivre. « *On a vu des brames* (brahmanes) *se brûler pour renaître bienheureux* » (VOLT.). *Le phénix, oiseau mythique, renaît de ses cendres.* — Fig. *Renaître de ses cendres:* revivre, se ranimer, réapparaître. ❖ *Théol. chrét.* Revenir à l'état de grâce, sortir du péché, mort de l'âme. *Renaître par le baptême. Renaître en Jésus-Christ.* ♦ 2° Littér. RENAÎTRE À : retourner, revenir dans (tel ou tel état). *Renaître à la vie:* retrouver un état de santé, après une maladie. *Renaître à l'espoir, au bonheur.* Relig. *Mourir au péché pour renaître à la grâce.* ♦ 3° Revivre *(fig.)*, reprendre des forces, au physique et au moral. « *Je renaquis avec un être neuf* » (GIDE). *Se sentir renaître.* « *Laurent se sentait renaître dans l'air frais* » (ZOLA) ♦ 4° Naître, pousser, à la place de ce qui est ou semble mort ou disparu. *Les têtes de l'hydre de Lerne renaissaient après avoir été coupées.* ❖ Recommencer à croître. V. **Repousser.** *Tout renaît au printemps.* ♦ 5° *(Choses).* Recommencer à vivre, à se développer. V. **Reparaître, revivre.** *Sentiment, désir, espoir qui renaît.* « *Ce terrible appétit de la jeunesse, qui renaît à peine comblé* » (COLETTE). — *Faire renaître le passé; le ranimer, le faire revivre.* ❖ ANT. *Disparaître, ellacer (s'), mourir.*

Activité 4

Magritte est le vrai nom de famille du peintre. Certains artistes signent leurs œuvres d'un pseudonyme*, c'est-à-dire un faux nom.

- Si vous deviez choisir un pseudonyme, lequel prendriez-vous et pourquoi ?
- "Odradek est mon nom secret. Je pulvérise l'oubli pour descendre sous la terre, sous mon ombre (...)", écrit Jacques Izoard*, dans *Aveuglément Orphée*. Racontez quel est votre nom secret, ce que cela induit, en paroles ou en actes, dans votre existence. Reprenez la phrase initiale du poète et continuez à votre guise.

Bain d'images : lecture de recherche avec piste sélective

Imprégnez-vous de l'univers de Magritte en consultant des albums, des cdroms, des sites. Petit à petit, vous vous habituerez à leur belle étrangeté.

Activité 5

- Dans des albums de reproductions, sélectionnez des œuvres représentant les thèmes, composantes ou genres demandés dans les consignes suivantes. Notez-en le titre et la date.

  Exemple : Sensation visuelle et auditive : *La clef des champs,* 1936.
  - Les 5 sens ; précisez lequel est convoqué dans l'image que vous avez choisie.
  - Les 4 éléments (l'eau, la terre, l'air, le feu) ; lequel vous paraît dominant ?
- Notez les références d'un paysage, un nu, une nature morte, un portrait, un autoportrait, un tableau contenant du texte, une œuvre ne respectant pas l'échelle des grandeurs naturelles, une image où un objet est mis à la place d'un autre, une représentation morcelée.

Les mots et les images de Magritte

La Clef des songes, 1930, est un tableau célèbre. Nous vous proposons d'entrer dans l'univers du peintre surréaliste belge par cette œuvre-là. Observez-la bien : elle contient des dessins et du texte.

D'après *La Clef des songes,* Magritte, 1930.

Activité 6

- Les éléments représentés dans *La Clef de songes*, 1930 (page précédente) sont-ils concrets ou abstraits ?
- Sont-ils courants ou exceptionnels ? Nommez-les.
- Les mots appartiennent-ils au registre* savant, courant, soutenu, familier ?
- Les mots correspondent-ils aux objets ? Quel effet cela produit-il selon vous ?
- Etes-vous d'accord avec les deux citations suivantes ? Pour quelles raisons ?

Un objet ne tient pas tellement à son nom
qu'on ne puisse lui en trouver un autre qui lui convienne mieux.

Magritte.

Quand j'emploie un mot, dit Humpty Dumpty avec un certain mépris,
il signifie ce que je veux qu'il signifie, ni plus ni moins.

Humpty Dumpty, dans *Alice au pays des merveilles.*

- Connaissez-vous des histoires présentant de nouveaux mots, réinventant la langue ? Lesquelles ? Avec quel effet ?
- Choisissez trois objets et rebaptisez-les joyeusement. Qu'en pensez-vous ?
- Ajoutez à votre banque lexicale une suite de termes qui servent à remplacer le mot faisant soudain défaut dans la conversation.

  Exemple : liste à continuer : *truc, machin,* ....
- Ci-contre, vous pouvez voir le dessin d'une feuille que Magritte a baptisé *Le canon.*
  - Renommez ce dessin.
  - Comparez les titres de vos condisciples et réfléchissez à ce que certains peuvent signifier d'inattendu ou de profond.

- Réalisez une œuvre collective en disposant, artistiquement, tous vos mots autour du dessin de la feuille que vous pouvez agrandir pour la circonstance. Regardez, appréciez. Le mot peut être aussi un beau dessin...

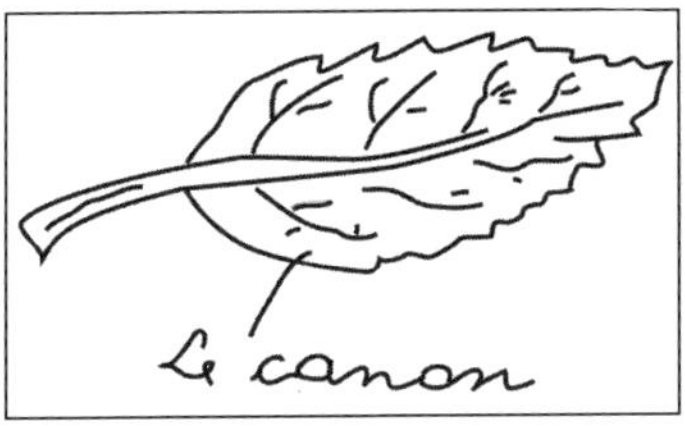

Détail d'après *Les mots et les images,* Magritte, 1929.

- Imitation* : sur beau support, en vous inspirant de *La Clef des songes* (page 11), inventez votre propre imagier*. Le collage* est le bienvenu.

Activité 7

Dans un tableau les mots sont de la même substance que les images, dit Magritte.

Cela nous rappelle l'existence des calligrammes*. Il y en a de deux espèces : des calligrammes de mots et des calligrammes de textes.

- Qui a inventé ce mot ? En quelle année ? A quelle occasion ? Recherchez dans le dictionnaire la définition de "calligramme" et recopiez-la.
- Feuilletez des magazines, des journaux et coupez-y des calligrammes de mots dans les titres, les noms, les marques, les publicités. Faites-en un collage* en n'omettant pas de recopier les références du périodique où vous les avez trouvés.
- Réflexion : quels buts poursuit-on en utilisant des calligrammes dans la mise en page d'une information ?
- A votre tour d'en inventer à partir de mots courants ou rares, drôles ou sérieux.

Calligrammes de mots

Aurélie P.

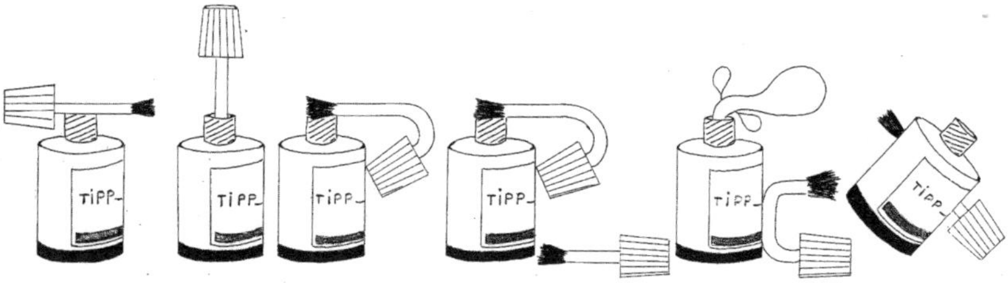

Maryse W.

Gabriël L

Christine J.

Calligrammes de textes

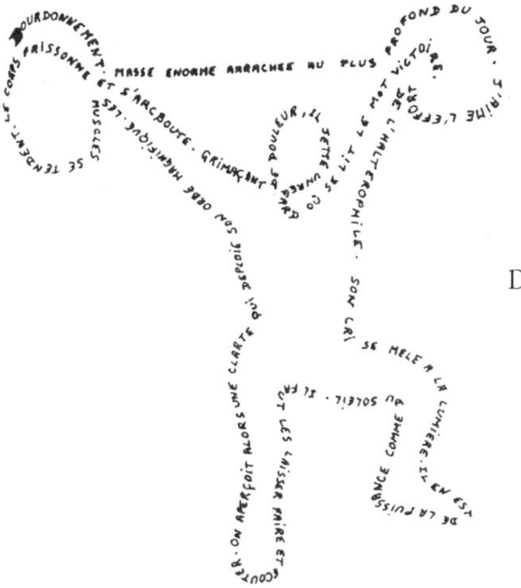

D. Brugès, *L'haltérophile,*
© Phototèque Hachette.

Pour l'arbre, calligramme de Béatrice Libert* ©.

Deuxième séquence
La couleur *

Musicalement, le bleu clair s'apparente à la flûte, le foncé au violoncelle,
s'il fonce encore à la sonorité somptueuse de la contrebasse ;
dans ses tons les plus profonds, les plus majestueux,
le bleu est comparable aux sons d'un orgue.

Kandinsky*.

Dès qu'une couleur n'est plus pure,
le drame peut prendre des proportions effarantes.

Yves Klein*.

Communiquer par la couleur

"La ressemblance avec le réel passe aussi par la technique de la couleur qui tend à reproduire notre perception colorée du monde visible.

Des goûts et des couleurs on ne discute pas, dit-on, comme si la couleur, de même que le sentiment ou le caractère, excluait toute tentative d'appréciation, d'analyse ou de recherche. Notre rapport à la couleur est culturel et les couleurs ont une histoire. Depuis l'ocre et le noir de charbon des peintures préhistoriques de Lascaux ou Niaux au pourpre symbolique de l'Empire romain, jusqu'aux théories et traités liés à la physique, à l'esthétique ou à la psychologie, la couleur, au-delà des jugements de valeur qu'elle suscite, fait partie intégrante du rapport que l'homme entretient avec le monde sensible et spirituel."

Jean-Claude Fozza, Anne-Marie Garat et Françoise Parfait,
Petite fabrique de l'image, © Editions Magnard.

La couleur imprègne notre existence jusque dans ses moindres détails : choix des vêtements, de la voiture, du mobilier, du papier mural, de l'encre, des fleurs du jardin... C'est un moyen de communication avec notre entourage. Elle a une valeur expressive et même symbolique.

Rencontrer un artiste peintre dont l'œuvre chante les couleurs, ce serait l'occasion d'échanger avec un spécialiste.

Arrêtons-nous un moment sur ce thème et voyons comment le langage, l'art, et donc la littérature, s'en nourrissent.

Activité 1 : remue-méninges

- Placez-vous en cercle et, chacun(e) à votre tour, énumérez le plus de mots de couleurs sans hésitation et sans répétition. Qui gagnera ?
- Ma couleur préférée, c'est ....
  parce que ....

Activité 2 :
savoir classer la couleur dans sa catégorie ; je retiens

- les 3 couleurs *primaires** : le rouge, le bleu et le jaune sont les 3 couleurs pures, obtenues sans aucun mélange ;
- les couleurs *secondaires** sont obtenues par le mélange de deux teintes pures ; exemple : l'orange = le jaune + le rouge ; le vert = ...
- les couleurs *chaudes** : le jaune, le rouge, ...
- les couleurs *froides** : le bleu, le vert, ...

Remarque :
Si l'on ajoute du noir à une couleur, celle-ci perd de son intensité; elle devient *terne.*
Si l'on ajoute du blanc, cette fois, la couleur paraît plus *lumineuse.*

Activité 3

- Lisez le texte suivant, extrait d'un livre passionnant et drôle que nous vous conseillons de lire. L'auteur y raconte la même histoire de 99 manières différentes.
- Soulignez au fluo le champ lexical de la couleur.

L'arc-en-ciel

Un jour, je me trouvai sur la plate-forme d'un autobus violet. Il y avait là un jeune homme assez ridicule : cou indigo, cordelière au chapeau. Tout d'un coup, il proteste contre un monsieur bleu. Il lui reproche notamment, d'une voix verte, de le bousculer chaque fois qu'il descend des gens. Cela dit, il se précipite vers une place jaune, pour s'y asseoir.

Deux heures plus tard, je le rencontre devant une gare orangée. Il est avec un ami qui lui conseille de faire ajouter un bouton à son pardessus rouge.

*Exercices de style**, Raymond Queneau*, © Editions Gallimard.

Activité 4 : savoir préciser des nuances

- *A l'aide du terme correct,* complétez : une couleur peut être *vive, terne, ...*
- *A l'aide de dérivés,* imitez le modèle suivant en recourant au dictionnaire si nécessaire : "vert : verdâtre, verdir, ..." ; jaune, rouge, bleu, blanc, gris, noir, rose, ...
- *A l'aide du suffixe,* formez des adjectifs ou des participes passés désignant la couleur à partir des mots suivants : *ardoise, argent, cendre, cire, craie, lait, neige, plomb, bronze, terre, ...*
- *A l'aide de mots désignant autre chose que la couleur,* rubis, ciment, ventre de biche, ...
- *A l'aide de comparaisons** connues ou inventées.

  Exemple : *bleu comme le chardon des prairies*

  Consigne : à vous d'en créer : blanc comme / blond comme / jaune comme / noir comme / rouge comme / mauve comme / gris comme / rose comme / brun comme / beige comme ...
- *A l'aide d'un équivalent* : de quelle couleur s'agit-il ?

  1. Les tentures étaient *lie de vin,* c.-à-d. ....
  2. Elle a des cheveux *argent,* c.-à-d. ....
  3. Une cravate *anthracite,* c.-à-d. ....
  4. La plaine baigne dans une vapeur *absinthe,* c.-à-d. ....
  5. ....

Activité 5 : traduire une couleur

- Sur une feuille dont vous choisirez la couleur à dessein, collez proprement 3 images ayant une couleur dominante. A l'aide de mots bien choisis, précisez-la ainsi que le sentiment dégagé.

- Cherchez des manières différentes d'exprimer le vert en empruntant le mot *à un fruit ; à un légume ; à un élément ; à un animal ; à un objet ; à un élément du paysage ; à ...*

Activité 6 : savoir utiliser le dictionnaire pour comprendre le sens des expressions

Sans toujours bien nous en rendre compte, nous utilisons couramment des expressions dans lesquelles les mots de couleur traduisent les manifestations physiques de nos sentiments comme de nos pensées.

Exemple : *rouge de honte*

- Placez-vous en cercle et, chacun(e) à votre tour, en suivant l'exemple, énumérez le plus d'expressions contenant des mots de couleur. Qui gagnera ?

- Dites le contraire* des expressions suivantes. Chaque réponse doit être différente. Que constatez-vous ?

Un café noir :	Ciel bleu : ....
Avoir des idées noires :	Dans la Marine, le bleu s'oppose au ..
Voir la vie en noir :	Avoir les yeux bleus : ....
Avoir les ongles noirs :	Je suis un bleu : ....
Une nuit noire :	Un bifteck bleu : ....

- Comme dans le modèle suivant, écrivez le sens de chaque formule en vous servant du dictionnaire Robert que vous consulterez au mot *couleur*.

Modèle : une femme, un homme de couleur : *qui n'appartient pas à la race blanche ; se dit surtout des Noirs.*

1. porter les couleurs d'un club : ....
2. arborer les couleurs de son pays : ....
3. annoncer la couleur : ....
4. passer par toutes les couleurs : ....
5. faire très couleur locale : ....
6. en voir de toutes les couleurs : ....

7. se faire faire une couleur :...
8. avoir telle couleur politique :...
9. on n'en connaîtra jamais la couleur :..
10. prendre une couleur tragique (pour un récit) :.................................
11. un style sans couleur (dans un texte) :..

Activité 7 : écrire

Pour créer, un écrivain dispose d'un alphabet et de mots déjà inventés dans le dictionnaire. Un musicien se sert de notes, de tons et de clefs musicales. Un peintre achète ses couleurs ou ses pigments, mais tout cela ne peut transformer l'écrivain, le musicien ou le peintre en artistes s'ils ne peuvent inventer leur langage personnel. Les couleurs, les formes, le rythme, l'occupation de l'espace, tout cela permet au peintre d'établir des correspondances entre le monde et son univers intime.

- Inspirez-vous du poème suivant. Choisissez une couleur que vous aimez ; définissez-la poétiquement et en une seule phrase, à l'aide de métaphores* personnelles, puis mettez-la en page. Avec vos condisciples, vous pouvez constituer une frise à afficher en classe.

Le blanc,
c'est du silence
qui entre en moi
et neige sur mes peurs
pour les effacer.

© Béatrice Libert, *inédit**.

- Ecrivez un texte en prose, bref, cohérent et personnel où vous évoquerez les couleurs. En quelques phrases, exprimez votre état d'âme, le temps, l'ambiance, vos envies, vos craintes Vous pouvez commencer par : *Ce matin, je me suis levé(e)...*

  De cette manière, vous brosserez votre portrait* physique et psychologique.

  Servez-vous de votre banque de mots et de titres.

L'orthographe des mots désignant la couleur

Activité 8

- Dans une grammaire ou un dictionnaire, cherchez la règle de l'accord des mots désignant la couleur. Recopiez-la. Mémorisez-la.
- Quelles sont les exceptions ? Recopiez-les.
- Entraînement : accordez s'il y a lieu et justifiez à l'aide de la règle.

1. J'ai posé les crayons rouge ... sur la feuille bleu ...
2. Ces pulls sont rose ... ou plutôt rose … orangé …
3. J'aimerais avoir les cheveux brun …
4. Les plumes des ailes étaient jaune … et vert …
5. La mode est aux cravates kaki …
6. Elle utilisait des enveloppes tilleul …
7. Le tableau était rayé d'éclairs mauve …
8. J'adore tes bottes marron …
9. Sa robe est bleu … clair …
10. Il a les cheveux blanc … neige …

Atelier de lecture écriture*

*Lecture**

Texte 1. *Voyelles*

A noir, E blanc, I rouge, U vert, O bleu : voyelles,
Je dirai quelque jour vos naissances latentes :
A, noir corset velu des mouches éclatantes
Qui bombinent autour des puanteurs cruelles.

Golfes d'ombre : E, candeurs des vapeurs et des tentes,
Lances des glaciers fiers, rois blancs, frissons d'ombelles ;
I, pourpres, sang craché, rire des lèvres belles
Dans la colère ou les ivresses pénitentes ;

U, cycles, vibrements divins des mers virides,
Paix des pâtis semés d'animaux, paix des rides
Que l'alchimie imprime aux grands fronts studieux ;

O, suprême Clairon plein des strideurs étranges,
Silences traversés des Mondes et des Anges :
O l'Oméga, rayon violet de Ses Yeux !

Arthur Rimbaud*, septembre 1871, *Poésies,* © Editions Gallimard.

Texte 2.

Au commencement était le jaune

Comme un appel
Une vibration de lumière à l'horizon
Un ruissellement
Particules en suspension
Paillettes d'or liquide qui attirent le pinceau.

Au commencement était le désir (...)

Françoise Ascal*, *Dans le sillage d'Icare*,
avec 12 dessins de Jacques Pierre Amée, © Editions Cirrus, 1997.

Texte 3. *D'une nuit rouge*

Je suis couvert d'une nuit rouge. Habillé de l'épaule d'une femme. Je m'étends en tirant sur mes tempes. Le présent me touche avec mesure, la mémoire avec circonspection. Je sonne volontiers aux portes de demain en me hissant sur les paupières. Si l'on m'assomme de candeur, je monte à la blessure. Si l'on établit mon désir, je m'offre nu et sans ambages. La question de prononcer un terreau noir ou d'éventrer fauve un soleil, je la laisse à d'autres poèmes.

Je suis couvert d'une nuit rouge. Habillé de l'épaule d'une femme. Sur le tombeau d'un séducteur, je dépose une rose blanche.

Carl Norac*, *Dimanche aux Hespérides*, © Editions de La Différence, 1994.

Texte 4. *Tournesol*

Miroir doré
Reflétant le soleil
Rêve
De lumière
Avec son œil
Noir

Sophie-Leï Thumann*,
Origamis mes amis, © Editions Du Rocher, Collection Lo Païs *d'Enfance,* 2007.

Texte 5. *Convalescence du bleu après l'averse*

Le ciel se recolore. Les arbres s'égouttent et le pavé boit. La ville aussi essaie des phrases. Rires mouillés et pluie de pieds nus. On dirait que tout le paysage est aspergé de croyance.

On voudrait jardiner ce bleu, puis le recueillir avec des gestes lents dans un tablier de toile ou une corbeille d'osier. Disposer le ciel en bouquets, égrener ses parfums, tenir quelques heures la beauté contre soi et se réconcilier.

On voudrait, on regarde, on sait qu'on ne peut en faire plus et qu'il suffit de rester là, debout dans la lumière, dépourvu de gestes et de mots, avec ce désir un peu bête dont le paysage n'a que faire, mais dont on croit savoir qu'il ne s'enfièvre pas pour rien, puisque l'amour est notre tâche, notre devoir, quand bien même serait-il aussi frêle que ces gouttes d'eau d'après l'averse tombant dans l'herbe du jardin.

Jean-Michel Maulpoix*, *Une histoire de bleu,* © Editions Mercure de France.

Texte 6.

Pas un souffle. Juste la couleur
du monde sur la feuille légère.

Le bleu qu'on tire
jusqu'à l'épuisement jusqu'à
ne pouvoir aller plus loin
dans ce bleu qui ramène tout :
la mer, l'horizon, le regard.

Qui sait encore ce que j'ai oublié.

Hélène Dorion*, *Empreinte du bleu*, dans *Mondes fragiles, choses frêles*,

Texte 7.

Le bleu a perdu le secret
Du bleu.

On erre dans l'espace pâle
À la recherche
d'une nuance qui adoucit
l'absence.

On redoute la transparence,
cette furie de l'abîme.

François Jacqmin*, *Les saisons*, © Editions Labor.

Texte 8. *Neige*

La neige nous met en rêve sur de vastes plaines, sans traces ni couleur

Veille mon cœur, la neige nous met en selle sur des coursiers d'écume

Sonne l'enfance couronnée, la neige nous sacre en haute mer, plein songe, toutes voiles dehors

La neige nous met en magie, blancheur étale, plumes gonflées où perce l'œil rouge de cet oiseau

Mon cœur ; trait de feu sous des palmes de gel file le sang qui s'émerveille.

Anne Hébert*, *Œuvre poétique, 1950-1990* ; © Editions du Seuil

Texte 9.

Je vais te dire mauve.
Une senteur de lavande au creux des draps plissés.
C'est un grand chant d'amour et de réalité.
Je vais te dire mauve.
Nu comme le lilas que je cueille à tes lèvres.
Cet impossible été aux grappes de raisin
Sur une toile cirée.
Les paradis artificiels, le lit où l'abat-jour
T'incline à des rêves d'enfants et te fait entrevoir
Tous tes autres possibles.

Mireille Wertz*, *C'est une pluie fine,* © Editions du Tétras-Lyre et l'auteure.

Texte 10. *Les couleurs du dedans*

Tu me dirais le beige, et le voici qui neige et le voici calèche de nos chevauchées, beige nuque et beige épaule, beige mûr pour le douillet, beige bouche de l'avril, beiges souliers de la petite enfance, tu me dirais le beige où rien ne ploie, où rien ne pèse, beige barque sur l'eau grège et reposée.

***

Tu me dirais le rouge, celui qui ne ment pas, celui qui ne craint ni l'ombre ni le vert, celui qui ne s'offusque pas, le rouge jouisseur, le rouge envahisseur, le rouge nourrissant, le rouge appétissant, rebondi et gaillard, un rouge rond, un brin paillard, tu me dirais le rouge, et nous aurions la vie à boire dans l'opale du temps.

© Béatrice Libert*, inédit.

Texte 11.

Ouvert le livre
de toutes les écritures
de toutes les couleurs
avec les mots du voyage
et de l'arc-en-ciel

et toi, enfant nomade
aux yeux d'olive
à la peau de bois cuit
tu chantes ton royaume
aux yeux de gazelles
ton désert à la douceur de miel
tes plages de galets et de poèmes
ta flamme de neige

les enfants au cœur d'orange

et la dernière étoile de guetteur

Michel Cosem*, *Au pays des braises bleues,* © Pluie d'étoiles éditions 2008.

Texte 12. *Paris blanc*

La neige et la nuit
Tombent sur Paris,
A pas de fourmi.

Et la ville au vent
Peint l'hiver en blanc,
A pas de géant.

La Seine sans bruit
Prend couleur d'encens
Et de tabac gris.

A l'hiver en blanc,
Le temps se suspend,
A pas de fourmi.

A pas de géant,
Tombent sur Paris
La neige et la nuit.

Activité 9 : à vos plumes !

- Partir du texte 2 en modifiant éventuellement la couleur :
  "Au commencement était ..."
- Partir du texte 3 en modifiant éventuellement la couleur :
  "Je suis couvert d'..."
- Partir du texte 5 en modifiant éventuellement la couleur :
  "Convalescence du ... après ..."
- Partir du texte 7 en modifiant éventuellement la couleur :
  " Le ... a perdu le secret / Du ..."
- Partir du texte 9 en modifiant éventuellement la couleur :
  "Je vais te dire ..."
- S'inspirer de ces deux poèmes en prose numérotés texte 10 et dire sa joie des couleurs en une longue phrase où les répétitions créent un rythme soutenu.
- S'inspirer du texte 4 et suggérer brièvement la force colorée d'un objet, d'un être, d'un paysage.

Activité 10 : recherches culturelles*

- Sur beau support, recopiez des citations* sur la couleur avec leurs références.
- Vous pouvez ainsi :

  - soit constituer une frise textuelle et colorée, destinée à accompagner une exposition de vos travaux ou à orner votre classe ;

  - soit agrémenter un dossier sur la peinture.

La couleur chez Magritte*

Activité 11

Il n'y a pas de peinture sans couleur*. Même le noir et le blanc peuvent être travaillés comme des couleurs, car il en existe des variantes très différentes. Chaque couleur est source de sens. La lecture du dictionnaire nous en convainc.

- Prenez, par exemple, *Le Petit Robert* à la rubrique "vert" et lisez les explications. De même, lisez le *Dictionnaire des Symboles* des éditions Laffont à la même rubrique. Qu'en déduisez-vous ?
- Observez maintenant les couleurs chez Magritte. Y a-t-il des dominantes ?
- Choisissez une œuvre et écrivez le plus spontanément possible ce que la couleur éveille en vous. Laissez-vous guider par la toile. Votre texte peut prendre la forme d'un poème ou d'une courte prose.
- Regardez attentivement *La Grande Famille*, 1963 (voir photo de couverture). Observez particulièrement ses couleurs. Que constatez-vous ? Résumez le sujet du tableau en trois lignes grand maximum.
- Imaginez maintenant que vous changiez la couleur de l'oiseau.

  - Laquelle choisiriez-vous ?
  - Quel effet cela entraînerait-il ?
  - Le tableau aurait-il encore la même signification ?
  - Trouvez-lui un autre titre.
  - Ecrivez un texte bref qui s'y rapporte.

Ouverture : poèmes inédits, écrits en ateliers *

*Définition poétique**

Vert, vert colère, vert j'espère
Vert maquis sous les fougères
Vert foison frondaisons aux versants
Vert fragon, vert stolon, vert surgeon
Vert à vif, chardon
Vert buisson, vert cuisson
Vert hérisson sus à l'horizon !
Vert déclinaison, inclinaison
Vert à tort et à saisons, vert déraison
Vert fusion, vert onde de fission
Vert pavillon, écho frappé à l'unisson
Ecailles moirées
Envol du papillon
Bourgeon d'œil ouvert, frisson vert !

© Françoise David*.

Jaune

torpeur de midi
trop de jaune
l'or est enfer
l'homme ne voit pas la femme
la femme ne pense plus à l'homme
à l'ombre de leur bagne
ils rêvent que rien ne bouge
que l'heure s'arrête
que s'efface le jaune

© Philippe de Bueger* , d'après *La Sieste* de Van Gogh.

Le brun éternue
Ses paillettes d'arbre
A l'unisson des toits.

© Marie-Catherine Borlée*.

Au commencement était le jaune
comme une fragilité
qui attendrit un ciel de cendre
et lance des reflets mouvants
sur le cœur

Au commencement était le jaune
né du bris des nuages
clairon acide
essaim volubile
force martelée
qui tout à coup proclame
la venue d'un dieu inconnu

© Marie-Louise Andreux*.

Rouge

Cœur qui endure
Qui fibrille
Qui tachycarde

Rouge Hôtel-Dieu
Rouge des conflits toujours perdus
Rouge SANG, SANS
Sens parfois aussi
Mais tellement nécessaire...

Rouge qui pavoise sous le soleil de Mai
Le temps des cerises
Le temps des amours rougeoyantes sous la brise
Qui caressent les âmes tachées de sang
Sang si prégnant
Si inutile...

Rouge guerre
Rouge Verdun

Couleur pourpre
Qui pénètre le cœur
Jusqu'au plus profond
De sa systolique

SOUFFRANCE
Enfin

ESPERANCE... ?

© Jean-François Bairiot*.

Libre

Un soleil se profile pas à pas
Il étale ses couleurs
Il me laisse choisir

Elles sont là
Disponibles éveillées
Elles traversent mes paupières
Reconnaissent mes désirs
Apprivoisent mes hoquets

L'une d'elles prendra corps

Je voudrais
La surprendre La cueillir La garder

Je voudrais
Qu'elle dépose son éclat
Qu'elle me serre

Et m'emplisse la tête

Je voudrais...

Mais la couleur se durcit ou se lave.
Elle se mêle ou se cogne
Elle s'affole ou s'échappe

Debout, je la regarde
Déjà, je deviens libre

Haïkus inédits, écrits en ateliers par des collégiens

A l'aube
un corbeau
déchire la lumière

*

Un chat blanc
perdu dans la nuit
miaule très fort
Il neige

*

Un oiseau s'envole
se perd dans le blanc
et rêve de bleu

*

Couverture blanche
Le bleu du ciel
a froid

*

Bouton vert se fissure
Une robe rouge
se déploie

*

Couleurs tristes
Peinture qui se meurt
Image ternie par le temps

*

Noir le ciel
Jaune la nuit
Et moi rose toujours

Troisième séquence
Ecrire à partir d'un tableau*

(...) Le tableau n'est que le fruit du vécu de l'expérience intime du peintre. L'esprit, la chair, la sensualité de l'œuvre révèlent cette vérité du monde. C'est finalement une sorte de spiritualité portée par une substance physique.

Entretien avec Fabienne Verdier,* Charles Juliet*.

L'art du titre*

"(...) Je sais aussi que le titre, chez Magritte, est inséparable de l'image, qu'il forme un tout avec elle et qu'il ne saurait en être séparé de manière explicative."

Magritte, Bernard Noël*, © Editions P.O.L.

"(...) Mais percevoir n'est pas seulement affaire d'organe et d'individu. C'est une opération mentale complexe, liée à notre activité psychique toute entière. Et à travers l'individu et son histoire propre, à son éducation, à la société, à la culture dont les acquis définissent sa pensée. En quelque sorte, nous percevons surtout ce que nous connaissons du monde, ce que la langue en structure et en ordonne. Nous concevons le monde – le temps, l'espace, la personne humaine – à travers de puissants déterminismes idéologiques. A ce titre les sciences humaines (l'anthropologie, l'ethnologie, la sociologie, l'histoire, la linguistique...) ont leur mot à dire à propos de l'image, objet culturel à part entière. Notre manière de percevoir et de représenter n'est ni universelle ni naturelle. Elle repose sur les données du contexte de civilisation tout entier : techniques, mœurs, croyances, religion, morale, philosophie..."

Jean-Claude Fozza, Anne-Marie Garat et Françoise Parfait,
Petite fabrique de l'image, © Editions Magnard.

Les tableaux de Magritte ont parfois quelque chose de figé, de théâtral comme si le peintre avait voulu réaliser une mise en scène picturale...

Remarque : notons que le mot "tableau" s'emploie aussi au théâtre. Quelle est alors sa définition ?

Activité 1

Toute image est polysémique*, surtout si elle est sortie du contexte où elle a été produite. Elle présente alors une valeur mimétique grâce à sa ressemblance et autant de valeurs expressives par la pluralité des perceptions de celles et ceux qui la regardent.

Quand le titre est décalé par rapport à l'image, il en devient poétique et nourrit notre imaginaire.

- Pages 42 et 43, quel autre titre proposez-vous pour ces deux images ?
- Comparez les trouvailles de vos condisciples et réfléchissez à ce que les titres de la classe révèlent de l'œuvre. Confrontez-les à ceux de Magritte. Qu'en pensez-vous ? Qu'en déduisez-vous ? Est-ce facile de titrer ? Pourquoi ?
- Comment titrer ? Etablissez une liste provisoire des critères d'un bon titre.

D'après *La Mémoire*, Magritte, 1948.

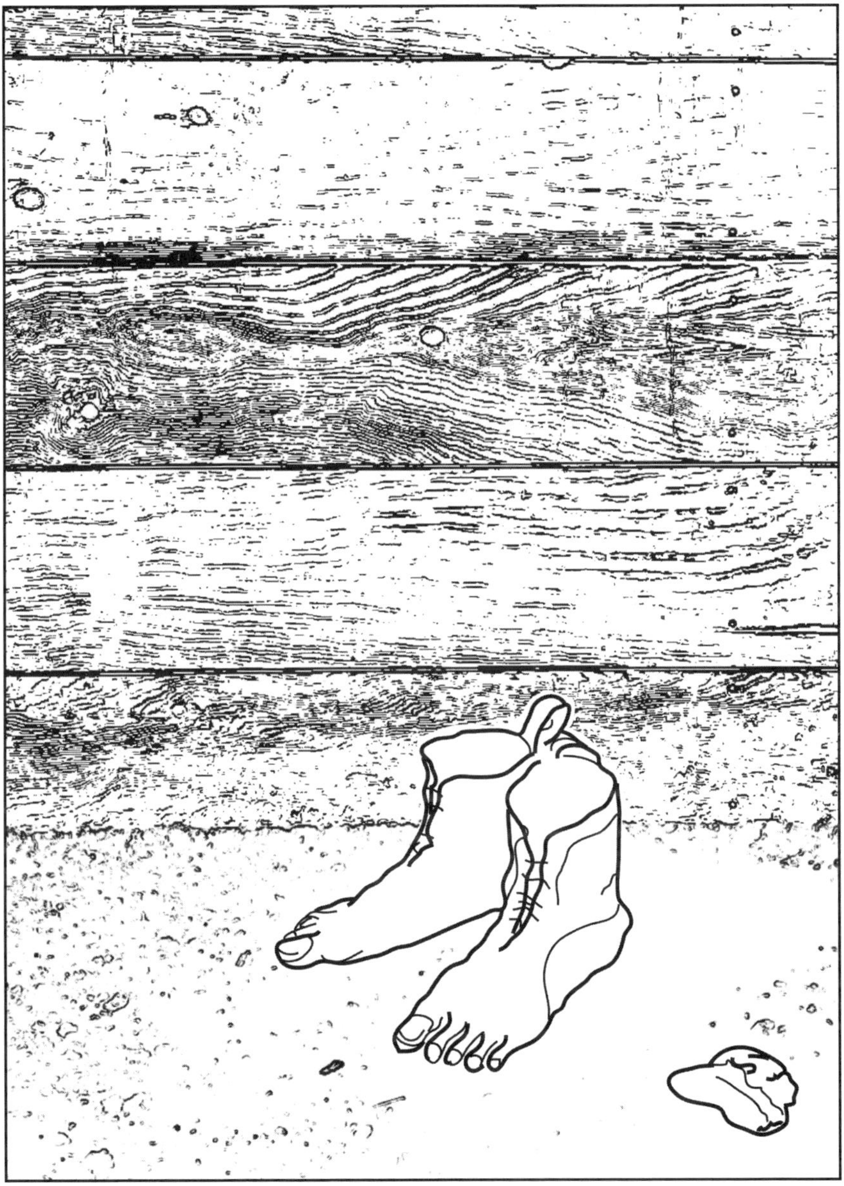

D'après *Le Modèle rouge*, Magritte, 1937.

Atelier de lecture écriture* à partir des tableaux de René Magritte

"Qu'est-ce que le sens d'une image ? On nous a donné à croire qu'il se confond avec son explication, c'est-à-dire avec son épuisement. Mais pendant que je dévide la ligne qui explique, l'image, elle, reste fixe, si bien qu'à l'instant où je crois en avoir fini, et pour peu que je la regarde encore une fois, je m'aperçois que j'ai pris l'air pour le visage. Quand tout est dit de ce qui est là, devant nous, c'est justement ce tout qui ne se trouve pas dans ce qu'on a dit. En fait, la clarté même de l'image fait problème, car plus je m'assure que je la vois, moins je l'entends."

Magritte, Bernard Noël*, © Editions P.O.L.

Activité 2

Voici une liste de noms de tableaux. Elle va constituer votre deuxième banque de mots utiles à la composition de vos textes.

Banque de titres :

La Mémoire – L'Empire des lumières – La Clé de verre – La Trahison des images – Ceci n'est pas une pomme – La Baigneuse – Le Cinéma bleu – Le Faux Miroir – Le retour de flamme – La Grande Guerre – L'Assassin menacé – Le Jockey perdu – Le Joueur secret – Le Salon de Dieu – Le Rossignol – Le Mal du pays – Magie noire – Le Masque de l'éclair – L'Au-delà – Le Domaine enchanté – La fée ignorante – Les Compagnons de la peur – La Géante – Le Beau Monde – Le Bouquet tout fait – La Page blanche – Les Exercices de l'acrobate – Entracte – Le Puits de vérité – Le Modèle rouge – La Tentative de l'impossible – Le Sorcier – La Main heureuse – La Chambre d'écoute – Les Amants – La Condition humaine – Les Deux Mystères – La pipe – Le Masque vide – La Clé des songes – L'Explication – La Saveur des larmes – L'Invention collective – Le Plaisir – L'Art de la conversation – La Découverte du feu – Le Libérateur – Le Mois des vendanges – La Grande Famille – La Voix des vents – Les Travaux d'Alexandre – Le Séducteur … (à compléter éventuellement)

- En puisant autant de fois que vous le voulez dans cette banque de titres, inventez une prose ou un poème fort, pas trop long, qui renverra au monde multiforme et mystérieux de Magritte. Vous connecterez ces titres* de manière libre et surprenante. Vous ajouterez les mots nécessaires à la cohérence. Exploitez vos banques lexicales et placez devant vous une reproduction de Magritte qui activera votre inspiration.
- Certains écrivains surréalistes, amis de Magritte, ont titré ses tableaux. Echangez votre texte avec celui d'un(e) condisciple et titrez-le réciproquement.
- Réalisez une belle mise en page de votre création textuelle et accompagnez-la d'une reproduction ou d'un détail de tableau qui s'y rapporte. Ajoutez la référence.

Réflexions :

Que pensez-vous de cette démarche d'écriture ? Que vous a-t-elle apporté ? Qu'avez-vous découvert ? Si c'était à refaire, qu'amélioreriez-vous ?

Activité 3

Nombreux sont les poètes à avoir écrit à partir de tableaux célèbres. Signalons Henri Michaux* qui signa un beau livre constitué d'une trentaine de proses, descriptives et brèves, réunies sous le titre *En rêvant à partir de peintures énigmatiques*, toutes inspirées par les toiles de Magritte.

- Lisez-le, répartissez entre vous les pages de prose et partez à la recherche des tableaux évoqués. Vous récolterez, dans le texte, les indices pertinents destinés à l'identification de l'œuvre picturale.
- Lisez les textes réunis de la page 52 à 57 ; tous ont été écrits d'après des images de Magritte.

Activité 4

- En vous laissant guider par votre intuition, votre état d'esprit, votre affinité, écrivez un poème ou une courte prose, à partir d'un tableau de Magritte qui vous parle, vous touche. Exploitez vos banques de mots, si nécessaire.

Activité 5

- L'acrostiche* est un poème particulier en hommage au nom que les initiales des vers reconstituent verticalement. Si vous avez aimé le monde surréaliste de Magritte, écrivez un acrostiche à partir du nom du peintre, sans vous soucier des rimes et des pieds, mais en évoquant le monde fascinant des images magrittiennes et ce qu'elles suscitent en vous.

Le vu, le masqué, le caché : l'art de suggérer. A vous de démasquer !

> "(...) Chez Magritte, pour qui l'invisible n'est que du visible caché par du visible, l'image* cache ce qu'elle appelle : une lecture – lecture à la fois grave et enjouée, qui est mobilisée par une série de contradictions, dont la plus fondamentale se résume dans cette phrase souvent répétée par Magritte : *Il faut que la peinture serve à autre chose qu'à la peinture.*
>
> A quoi faut-il donc qu'elle serve ? A penser. (...)"

Magritte, Bernard Noël, © Editions P.O.L.

Activité 6

Un objet fait supposer qu'il y en a d'autres derrière lui... ou dedans.

- Qu'y a-t-il derrière ? Qu'y a-t-il dedans ? Un tableau ne montre jamais tout ; il suggère, révèle, engage, détourne, rapproche. Choisissez une œuvre dans laquelle il pourrait y avoir des éléments dissimulés. Seul(e) ou à deux, racontez par écrit ce que vous imaginez en une brève prose. Vous pouvez aussi émettre des hypothèses sur ce qui est caché, sur ce qui pourrait arriver si, tout à coup, il s'animait, comme dans le très beau roman de Jean Joubert* *La jeune femme à la rose* (Ecole des Loisirs) que nous vous conseillons de lire.

  Voici quelques noms de tableaux qui se prêtent à l'exercice : *La Raison pure, Les Affinités électives, La Gravitation universelle, In memoriam, Au Seuil de la liberté, La Géante, Le Mois des vendanges, La Voix du silence, ...*

Amorces de texte pour débloquer l'écriture :

Dans le tableau de Magritte, il y a ...

Si on voyage au pays ...

Pour aller vers ..., il faut ...

Si l'on entre dans un paysage de Magritte, ...

Le soir, il arrive quelquefois que ...

Pourquoi a-t-il fallu ...

Allusions culturelles* et intertextualités*

Toute créatrice, tout créateur étant pétri(e) de cultures comme de lectures, réintègre, parfois même à son insu, telle structure, telle valeur symbolique, tel élément de ces apports passés. Magritte n'y fait pas exception. Son œuvre revisite de grands thèmes, des mythes aux légendes, en passant par ceux des livres et des tableaux qu'il a aimés.

Il faut rappeler aussi que notre peintre a travaillé dans le domaine publicitaire. C'est un versant de son œuvre à prendre en considération.

Comme illustration des allusions culturelles, observez la publicité* sur le marché de l'art (page 49).

Activité 7

- Partez à la recherche d'allusions culturelles ou d'intertextualités dans les tableaux du grand maître belge.
- Identifiez-les en notant les références de l'œuvre source.
- Résumez très précisément quels effets ou quels apports sont véhiculés par ces emprunts.

Théorie : définition

Par allusion culturelle*, on entend le fait qu'une œuvre, quelle qu'elle soit, évoque, de manière marquée ou masquée, verbale ou non verbale, une autre œuvre à laquelle elle se réfère, pour lui rendre hommage, s'en inspirer ou la critiquer.

Une intertextualité*, selon le dictionnaire Robert :
"Ensemble des relations existant entre un texte (notamment littéraire) et un ou plusieurs autres avec lesquels le lecteur établit des rapprochements."
Intertextualité entre les fables de La Fontaine et celles d'Esope.

art?
www.marchedelart.be
Tout sur les salles de ventes belges et étrangères. L'agenda des prochaines ventes, l'estimation d'objets, sans oublier un rédactionnel ciblé.
en collaboration avec
L'IMMO
LE SOIR

Le Soir, 2008.

Activité 8

- Lisez la publicité* consacrée au savon de la marque Dove (page 51).
- Repérez l'intertextualité* ; identifiez l'œuvre source.
- Quel effet produit-elle ?
- Etablissez le plan du contenu de cette publicité, en suivant l'ordre des informations du haut vers le bas et de gauche à droite.
- Extrapolation : cherchez des couvertures de romans ou des publicités qui évoquent l'univers magrittien et précisez les allusions ou intertextualités.
- A vous maintenant de créer une page publicitaire pour un produit réel ou imaginaire, en vous inspirant d'une œuvre de Magritte qui s'y prêterait. Attention, l'allusion doit être claire, car la publicité est un texte qui "va vite".

  Vous imaginerez :

  - les phrases brèves et percutantes du slogan*,
  - la description du produit (elle peut être fantaisiste),
  - son image,
  - et vous mettrez le tout en page artistiquement.

Ceci n'est pas un savon.
Dove
Dove. En anglais, cela signifie colombe: un symbole de pureté et de douceur. Dove ressemble à un savon, s'utilise comme un savon mais ne dessèche pas la peau. Enrichi d'1/4 de crème hydratante, composé d'agents nettoyants neutres, Dove respecte le PH de la peau. Au contact de l'eau, Dove forme une crème onctueuse qui laisse l'épiderme souple et satiné. Pour prendre soin de votre beauté, dès la toilette.
Dove
CREAM BATH
Dove
CREAM SHOWER
Dove
CREAM BAR
Dove
Dove ne dessèche pas la peau comme un savon ordinaire.
Contient 1/4 de crème hydratante.

Ouverture*

Lecture pour le plaisir de quelques poèmes inspirés par des tableaux* de Magritte.

Texte 1. *D'après "Le Domaine enchanté"*

Il y a, sur le rivage de la mer, deux pommes visiteuses, venues de très loin. Elles sourient en sourdine, étrangères à ce qu'elles regardent. Une souche d'arbre se crispe sur son désastre. Un arbre resté debout révèle ses secrets.

Paul Colinet*, *Pour illustrer Magritte,* © Editions Les Lèvres nues, 1971.

Texte 2. *D'après "TicTac" ("The Ticking")*

Je ne l'avais pas remarqué
avant que l'obscur silence
le laisse entrer.

Maintenant je n'entends plus que lui
le réveil
qui bat en moi.

Je ne peux pas l'arrêter.
Parfois
(je ne sais pas quand)

Il va sonner.

I didn't notice it
until the dark silence
let it in.

Now, that's all I hear
the alarm clock beating
inside me.

I can't stop it.
Sometime
I don't know when

it will go off.

Texte 3. *D'après "Le Marchand d'Oiseaux" ("Cages")*

Chaque matin il empile ses cages
sur le trottoir.

Il les empile haut.

Des murs de passereaux l'emprisonnent.
Autour de sa tête des billets volent.

Il les compte toute la journée.

Les touristes l'emportent dans leurs appareils photos.
Les oiseaux s'envolent dans leur chant.

Each morning the birdseller
stacks his cages on the sidewalk.

He stacks them high.

Walls of finches tower over him.
Dollar bills flap around his head.

He counts all day.

The tourists keep him in their cameras.
The birds fly off in their song.

Sanford Fraser*, Traductions de Françoise Parouty

Texte 4. *D'après plusieurs tableaux*

Dans la maison de Magritte, il y a une maison, fenêtres ouvertes sur une autre maison encastrée dans une fenêtre qui ouvre sur un pays insondable où ne passe personne.

***

Dans le théâtre de Magritte, il y a un secret qui joue au jockey perdu dans un salon où Dieu repeint les valeurs ; il y a une pipe qui n'est pas une pomme et une pomme qui cache un rêve de pommier ; il y a un philtre omniprésent sur l'intangible et le réel insensé qui nous emprisonnent.

Béatrice Libert*, *Renaît.. Magritte,*

Texte 5. *Un silence de mort*

Nous partons *pour partir,*
pour tenter un ailleurs,
pour fuir un spectre,
nous partons dans le désir et la douleur
et parfois *la peur au ventre,*
car les frontières sont violentes,
semées de pièges et de ruses.
Mais nous partons
et nous voici dans un pays couleur de cendre ;
le soleil s'est éteint ;
des bouches noires mâchent des mots énigmatiques.
Nous échouons dans une auberge de village
où rôde une vague odeur de sperme et d'assassinat.
La chambre, nous la partageons avec un fauve,
mais paisible nous dit-on,
vieux sphinx édenté, retraité de la morsure.
Pourtant se dévêtir, fermer l'œil serait périlleux.
Il faut alors veiller, toute une nuit sans lune,
médusés, dans un silence de mort.

Poème inédit de © Jean Joubert*, d'après *Souvenir de voyage*, 1955, MOMA ; N-Y.

Texte 6. *Compagnie de la rose*

L'exilé est de retour. Dans la fatigue
il a franchi des gorges grises,
des landes, des tourbières
et des forêts sauvages
où l'amnésie remue des ailes molles.
Enfin, voici le pont, le familier,
la ville au bord du fleuve
comme un sombre gisant :
rues désertes, fenêtres vides,
et, au-dessus des toits, une lueur d'incendie.
Quelle peste ou quel massacre
a dépeuplé ainsi l'arbre d'enfance, tant rêvé ?
Ah ! solitude de l'errant,
soudain figé ?
sans regard ni parole.

Pourtant – miracle du silence –
à son côté vient de s'offrir,
fleur mystique et femme de neige,
la compagnie de la rose.

Poème inédit de © Jean Joubert* d'après *La Boîte à Pandore,* 1981,
Yale University Art Gallery.

Texte 7. *La signature de l'orage*

Tard est venu le temps de la mémoire
sur ce pays de brume
qu'un brusque éclair ravive.

Le rideau est levé, le théâtre s'étire.
Ah ! vois ce ciel peuplé de songes
et ce rivage où l'amoureuse
jadis entre ses doigts tissait le sable.
Vois ce visage qui livrait
message bleu et tendre image
de jour et de nuit mêlés
dans la houle des corps.
Alors dans son regard volait le feu.

Voici, les yeux fermés, la jeune morte,
désormais buste de pierre
avec au front l'éclat de sang :
la signature de l'orage.

Poème inédit de © Jean Joubert*, d'après *La Mémoire*, 1948, collection de l'Etat belge.

Texte 8. *En rêvant à partir de peintures énigmatiques* (extrait)

Henri Michaux* a longuement rêvé, lui aussi, devant le tableau intitulé *La Mémoire*. Cela nous donne l'occasion de comparer deux pages différentes qui ont une source identique.

Ne verra-t-on jamais dans un beau visage silencieux, ou dans un visage sans corps, ou dans une tête en plâtre ou en marbre, le front immobile prendre soudain mémoire de ceci ou de cela et la tempe se mouiller du souvenir d'un ancien événement tragique ?

Si. C'est arrivé. Ici même. Une tache de sang est apparue, et s'élargit.

Sur le blanc visage sans ombre, le souvenir "marquant", d'abord secret s'est trahi. Le sang va sourdre de la blessure de l'âme.

Au-delà de la tempe, l'intense rouge s'étend, s'aggrave, va devenir ineffaçable.

Par la fenêtre, dans le monde du dehors, des nuages passent, qui paraissent pensés ; qui paraissent ralentis, qui demeurent, telle une situation grave qui ne sera jamais réglée, sur lesquels le rideau, à la fenêtre, ne sera jamais qu'à moitié fermé.

Sortie de la main du sculpteur, entrée dans la matière, la vie continue.

D'elle-même, enfin, la pierre ressent, manifeste. A présent elle revit un drame.

Saignant visage de marbre, par ailleurs inchangé, s'exprimant en silence.

Henri Michaux*, *Affrontements* © Editions Gallimard.

Texte 9. *Poème inédit, écrit en atelier**

"Police d'assurance et badinage d'experts"

Colosses de Pâques, chimères des sages
croisent la route
des lettres endiablées, des chiffres oubliés.

Rien n'est fait, rien ne transparaît.
L'écrasant assemblage envoûte
les témoins, les mathématiciens
d'un autre âge.

Notre rêve s'effondre.

Quelle indemnité pour rebâtir notre intégrité ?

© Marie-Catherine Borlée*, d'après *L'Art de la conversation*, 1950.

Quatrième séquence
Portrait* et autoportrait*

Chaque image de Magritte est un point de vue, qui donne sur le mystère ;*
le mystère ne donne que sur lui-même, indéfiniment.

Magritte, Bernard Noël*.

Se dire dans un tableau*

Activité 1

- Recherchez la reproduction de l'œuvre de Magritte intitulée *Le Sens propre VI*, 1928-1929. Observez-la.
- A votre tour d'en remplir les 4 alvéoles reproduites ci-dessous, en ajoutant une couleur, un objet, un petit texte et l'un des 4 éléments. Votre choix sera guidé par vos préférences personnelles. Vous donnerez ainsi une image de votre personnalité.

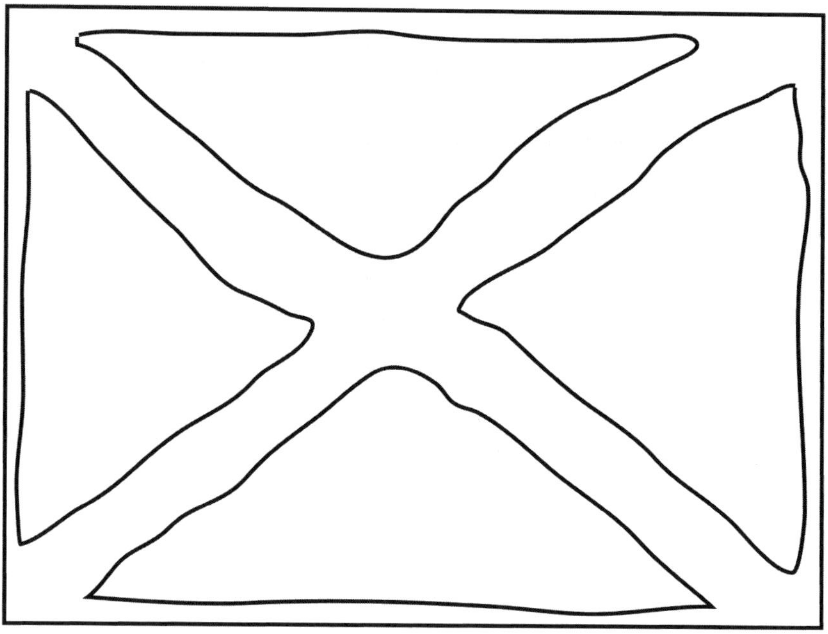

D'après *Le Sens propre VI,* Magritte, 1928-1929.

La métamorphose* dans l'image

Activité 2 : le portrait*

- Cherchez des œuvres dans lesquelles le peintre modifie la réalité physique de son modèle.
- Notez leur titre et leur date.
- Etablissez la liste des modifications opérées. Quels effets produisent-elles ? Exemples : *Le Mouvement perpétuel*, 1935 et *Découverte*, 1927.

Activité 3 : l'autoportrait*

- Observez très attentivement *La Lampe philosophique*, 1936.
- Expliquez oralement et à l'aide de mots précis en quoi consistent les déformations opérées par l'artiste et ce qu'elles ont pour but de révéler.

Activité 4 : création

- A partir de l'une de vos photographies* anciennes ou récentes, réalisez votre autoportrait* déformé et titrez-le. Avant de commencer, réfléchissez aux différentes manières techniques de déformer une image. Créez une mise en page artistique.
- Réalisez quatre mises en scène photographiques de vous-même. Variez le lieu, le costume, les accessoires, la mimique. Accompagnez chaque image d'un titre, d'une légende ou d'un petit texte. Veillez à une présentation soignée et artistique de votre reportage.

La métamorphose* dans le texte

Activité 5 : écriture - collage*

Les surréalistes* ont été les inventeurs du collage que l'on retrouve aussi bien en arts plastiques qu'en littérature. On peut considérer que certains tableaux de Magritte sont des collages d'éléments concrets que le peintre associe dans le but de susciter une pensée nouvelle, un regard nouveau sur le monde et les êtres.

- Consigne.

  Faites de même. Avec des ciseaux et de la colle, écrivez un texte que vous ne pourriez inventer avec votre stylo habituel.

  Votre thème : "Je suis". Vous réaliserez cet autoportrait surréaliste et poétique par collage de mots glanés dans un seul magazine.

  (Lire page 63 le collage d'une collégienne.)

- Conseil.

  Utilisez du beau papier fort, format A3, comme support ou tout autre objet de récupération en rapport avec votre personnalité.

je suis La double inconnue

A VOTRE SERVICE

Pure et tranquille

qui

vous donne Le bonheur

pour vous simplifier la vie.

Activité 6 : métamorphosez-vous !

La métamorphose est un grand thème de l'art, une réflexion profonde que les artistes et les écrivains mènent sur eux-mêmes, sur le monde et le genre humain, car s'il est des transformations visibles, il en est d'autres plus dissimulées et pourtant essentielles.

Vivre, c'est changer, vieillir, évoluer au contact des autres, de la nature, des expériences positives ou négatives de chaque jour. Ce qui ne change pas se nécrose, comme si vivre, c'était obligatoirement bouger, se métamorphoser.

- Connaissances culturelles : plusieurs écrivains ont écrit des histoires où il est question de métamorphose. On peut citer Kafka auteur de *La Métamorphose*, Madame de Beaumont , *La Belle et la Bête*, conte que Jean Cocteau a porté au cinéma, *La Beauté du diable*, dont le film en noir et blanc est basé sur le mythe de Faust écrit par Goethe. Nous vous suggérons de les découvrir.

- Ecrire : imaginez votre propre métamorphose. Racontez cette épreuve ; détaillez les transformations physiques et psychologiques qui s'opèrent en vous et précisez les circonstances. Maintenez le suspense et terminez par une finale forte.

  Vous pouvez écrire :

  - soit en disant "je" (narrateur interne et subjectif) ;
  - soit en utilisant "il" ou "elle" (narrateur externe et omniscient) ;
  - soit en vous parlant à vous-même à l'aide du pronom personnel "tu".

- Présentation finale : une fois le texte relu, corrigé, amélioré, mettez-le en page sur Word, en respectant les marges, les interlignes, les alinéas, la typographie. Profitez-en pour réaliser une lettrine* qui ouvrira votre texte de manière attractive. Si vous en avez le temps, accompagnez votre rédaction d'une illustration artistique.

- Activité de déblocage : augmentez votre banque lexicale pour réaliser votre autoportrait. Etablissez des analogies, sources d'ensemencement de votre imaginaire. Répondez le plus spontanément possible, sans laisser la pensée rationnelle vous imposer sa loi. Ici, surprise et spontanéité sont nos meilleures fées. Faites confiance à votre inconscient ! Top chrono !

Modèle : si j'étais un tissu, je serais du lin.

A vous ! Si j'étais ... je serais ...

Un livre

Une couleur

Un chiffre

Un astre ou planète

Une forme géométrique

Une voyelle

Une consomme

Un animal

Un objet léger

Un objet très lourd

Un objet coupant

Une étoffe

Un bruit

Un élément de paysage

Un élément : air, eau, terre, feu

Une peinture

Un pays

Un phénomène chimique

Un aliment

Une époque historique

Un moyen de transport

Une plante

Une arme ...

Le thème de la pluralité*

La silhouette de Magritte, redingote noire et chapeau melon, est bien connue. C'est un thème récurrent de son œuvre. *Je est un autre*, écrit Arthur Rimbaud*, poète du XIXe siècle. Magritte n'a pas manqué d'explorer cette pensée. Le double et même le multiple hantent ses tableaux.

Activité 7

- Recherchez-en des représentations. Classez précisément vos observations.
- A partir de *La Reproduction interdite*, 1937, imaginez pourquoi le double, dans le miroir, tourne le dos au personnage. Racontez à la troisième personne.
- A partir du tableau intitulé *Golconde*, 1953, écrivez un poème.

Ouverture*

Voici quelques poèmes sur l'identité, la pluralité de l'être, qui peuvent nourrir votre inspiration.

Nature

Je viens de la terre
Je suis née de l'arbre
Je parle terre
Je signe verdure

Mon nom de baptême est : orage
Mon sang, le sang de la vigne.

Je mourrai de la neige
Comme on meurt, amour,
De ton jeune visage.

Claude De Burine*, *Le pilleur d'étoiles,* © Editions Gallimard.

Il se disait fils de comète,
dans chaque poche un océan,
le mois d'octobre sous le bras.
Il ne mangeait que le profil
de la montagne, et ne parlait
qu'aux sycomores généreux
qui lui offraient leur beau vertige,
c'est-à-dire le ciel, tué
le matin même comme un coq.
Lorsqu'on le taquinait un peu,
il dépliait son horizon,
distribuait ses équateurs
et, comme un clown, il retirait
de son cœur, en riant, la lune.

Alain Bosquet*, *Quel royaume oublié,* extrait de *Poèmes, un* (1945-1967), © Editions Gallimard.

Tu ne te connais plus toi-même,
oubliant tes jambes quelque part,
abandonnant tes mains
dans un jardin public.
La fontaine emporte
ce visage que tu croyais tien

Jacques Izoard*, *Dormir sept ans*, © Editions La Différence.

Je

Qui me quitte et m'habite
Qui me débusque et se dérobe
Qui dérive tandis que je m'emmure
Qui se rive alors que je me fuis
Qui est sans grappe
Qui est la saveur même
Qui m'assiège et m'écorche
Me lâche dans les ravins
Qui est abrupt comme l'écorce
Humble comme les puits
Qui est mon bec ou ma lande
Qui me happe et me traverse
Me résiste et me défie
Qui me berce et m'emporte
Qui me réconcilie ?

Andrée Chédid*, *Double pays*, © Editions Flammarion.

Je suis l'homme

Je suis l'homme, je suis l'enfant, je suis la femme noire, la femme jaune, l'homme noir, l'homme jaune, l'homme blanc, je suis l'oiseau et le poisson et la tortue et le cheval qui court. Je suis l'herbe et l'arbre. Je suis la mer et la montagne. Si je fais du mal à une partie de moi, à l'enfant qui est en moi, à la femme qui est en moi, de n'importe quel pays, de n'importe quelle couleur, je me fais du mal à moi-même. Aussi ai-je souvent mal à toutes ces parties de moi mutilées, torturées, affamées, en quelque lieu du monde.

Le jour approche où je serai entière et entier, où j'aurai assumé ma féminitude, ma mâlitude, ma négritude, ma jaunitude.

L'artiste

Il voulut peindre une rivière ;
Elle coula hors du tableau.
Il peignit une pie grièche ;
Elle s'envola aussitôt.
Il dessina une dorade ;
D'un bond, elle brisa le cadre.
Il peignit ensuite une étoile ;
Elle mit le feu à la toile.
Alors, il peignit une porte
Au milieu même du tableau.
Elle s'ouvrit sur d'autres portes,
Et il entra dans le château.

Une petite feuille de hêtre

Une petite feuille de hêtre
qui volait et tournoyait
et se posait légère
parmi les autres feuilles

"ma petite feuille aux yeux bleus"
disait grand-mère
et la petite feuille souriait
à la grand-mère aux yeux bleus

regardant voler la petite feuille
dans la forêt silencieuse
j'ai su que c'était moi
poussée par les vents de la vie
que c'était un petit signe
de la grand-mère oubliée.

Luce Guilbaud*, *La petite feuille aux yeux bleus,* © Editions L'idée bleue.

Escales

Souviens-toi de ta naissance :
long, précoce arrachement,
premier cri, première absence,
passage à l'autre élément.

Cœur surpris, timide forge
des poumons, mémoire d'eau.
L'air me déchire la gorge,
un jour, il fera défaut.

Haleine en vain poursuivie,
souffle que l'on veut m'ôter,
je me crois encore en vie,
je suis de l'autre côté.

Liliane Wouters*, *Changer d'écorce,* © Editions La Renaissance du Livre.

Autoportrait

Comment ne te sentirais-tu pas en transhumance,
toi, petite-fille d'immigrés et mère d'émigré,
toi qui vis dans ce paradis de Cointe,
entre tilleuls et hortensias,
iris et rhododendrons,
parmi tes pensées sauvages
auxquelles tu donnes des noms de fleurs,
quand la jacinthe sort de son col,
la rose trémière de sa chemise
et la nigelle de sa dentelle ?

Tu les contemples pour donner corps
ou bien racine à ton chemin qui bouge
et va sans cesse d'ici à cet ailleurs
que tu déclines avec raison,
que tu n'offenses pas,
car il détient un peu de ton visage.

La transhumance est dans ton sang
et dans la moelle de ta candeur.
Sans doute est-ce pour cela
que tu sèmes aux quatre lunes
le sénevé de la patience poétique.

Epitaphe

Hurla en naissant
Chantait se douchant
Rimaillait se réveillant
Bruitdebouchait dégustant
Déclamait chemindferant
Gémissait en jouissant
Bégayait s'expliquant
Hésita en mourant

Cinquième séquence
Lecture approfondie d'un tableau*

Une œuvre d'art devrait nous apprendre
que nous n'avions pas vu ce que nous avions vu.

Paul Valéry*.

Compte rendu de visite d'exposition*

Objectif : apprendre à communiquer sa pensée, ses observations et ses émotions dans un rapport à la fois objectif et subjectif.*

J'observe

- Quel est le lieu et le titre de l'exposition ?

....

....

- Etiez-vous déjà venu(e) dans ce lieu ? Si oui, quand et avec qui ?

....

....

- Reproduisez fidèlement le titre et la date de :

  - 3 œuvres que vous aimez.

....

....

....

  - 3 œuvres que vous n'aimez pas.

....

....

....

- Recopiez fidèlement 3 citations* lues dans le musée, sur la peinture en général ou celle de Magritte en particulier et n'oubliez pas de noter l'auteur de ces paroles.

....

....

....

....

....

....

....

....

- Citez le nom d'un tableau qui, selon vous, est :

  drôle..
  car..

  contradictoire..
  car..

  porteur d'une répétition..
  laquelle..

  porteur d'une négation..
  laquelle..

  porteur de silence ou de solitude..
  car..

  le plus difficile à "comprendre"..
  car..

  le plus bouleversant..
  car..

- Quelle est votre œuvre préférée ? Expliquez pourquoi en développant des arguments valables. Vous composerez plusieurs phrases cohérentes.

  ....

  ....

  ....

  ....

  ....

  ....

- *Activité bonus :* si vous le désirez, composez un poème à partir de ce tableau préféré.

J'évalue

Précisez vos impressions. Entourez les mots qui conviennent ou complétez.

- Cette visite a dégagé une atmosphère *agréable – lourde – banale – dynamique – joyeuse – grave – ennuyeuse – poétique – trop sérieuse – pénible* – ....

- Le temps consacré à l'exposition m'a paru *suffisant – court – trop court – long – trop long*..

- J'ai regretté que..
....
....

- J'ai particulièrement été touché(e) par..
....
car..

- Allez-vous souvent voir des expositions ?..

- Qu'avez-vous découvert en visitant celle-ci ?..
....
....
....

Commentaire de l'élève sur ce travail et hypothèse sur son résultat.

....
....
....
....
....
....
....

Lire une peinture* et transmettre ses observations

*Etablir la fiche d'identité de l'œuvre**

Objectif : je suis capable d'identifier une œuvre picturale de manière précise.

- Titre du tableau : ....
  Année de sa réalisation : ....
  Nom et prénom du peintre : ....
  Nationalité du peintre; pays où il a vécu : ....
  Date de naissance et de mort : ....
- Lieu où le tableau a été réalisé :...
  Lieu où il est exposé habituellement : ....
- Nom du mouvement artistique auquel le tableau appartient : ....
- Il s'agit d'un tableau figuratif / non figuratif*.

*Transmettre son avis personnel**

Objectif : je suis capable d'exprimer ce que je ressens.

- Parmi les propositions suivantes, barrez celles que vous n'éprouvez pas à la vue du tableau choisi.

  Comédie tragédie peur confiance force faiblesse immobilité mouvement silence bruit terre feu cri murmure désespoir amour espoir tendresse autorité puissance vie mort sucre sel parfum caresse laine soie joie tristesse fête douceur violence sérénité solitude foule intimité lumière obscurité eau chaleur froid air orage cruauté chemin ....

- Ce que le tableau vous dit, résumez-le en un paragraphe constitué de phrases complètes et précises.

....

....

....

....

....

....

....

....

....

Décrire ses observations de manière objective*

Objectif : je suis capable d'analyser ce que je vois dans une peinture.

- Situez l'œuvre dans sa catégorie thématique en barrant les mots qui ne conviennent pas au sujet du tableau : *scène religieuse – scène chrétienne – scène mythologique – scène de la vie familiale ou privée – scène historique – scène de travail – portrait – autoportrait – nu – paysage – marine – nature morte – autre : ...*

- Précisez par quels moyens techniques le peintre a traduit son sujet.

  - Des couleurs dominent : ....

  ....

  - La lumière éclaire surtout...

  ....

  - Certaines parties restent dans l'obscurité : ....

  ....

  - Il y a des contrastes entre ....

  ....

- Il y a des fondus ....

....

- Résumez le contenu du tableau. Vous pouvez y évoquer le nombre de personnages, les identités, âges, sexes, vêtements, coiffures, attitudes, mouvements, le paysage extérieur, imaginaire, intérieur, le décor, les animaux, ...

  Pour bien résumer, *j'ordonne ma description* en suivant les trois étapes suivantes : premier plan du tableau, plan intermédiaire, arrière-plan.

  ....

  ....

  ....

  ....

  ....

  ....

  ....

  ....

  ....

  ....

  ....

  ....

  ....

  ....

*Evaluation**

- Commentaire de l'élève sur ce travail et hypothèse sur son résultat.
- Commentaire du professeur et évaluations en

  - savoir lire :
    cohérence des idées.

  - savoir écrire :
    orthographe,
    construction des phrases,
    qualité du vocabulaire.

  - présentation de la copie :
    soin, lisibilité.

Fiche réalisée à l'appui de *Travailler au cdi en histoire et géographie*,

Au-delà de Magritte : rencontrer un artiste peintre non figuratif*

Il nous paraît important de sensibiliser les élèves à la peinture contemporaine non figurative*. En rupture avec celle de Magritte, mal connue, et donc mal comprise du grand public, elle exige rigueur et réflexion. Notre expérience nous a montré l'intérêt de l'apprivoiser en classe. En voici une modeste trace. Les lignes qui suivent ont servi de fil rouge à plusieurs classes en vue de rencontrer un artiste reconnu habitant le pays.

Circonstances

Cette rencontre fait suite à un atelier *"De la plume au pinceau"* (deux fois cinquante minutes), animé par des artistes de la Maison de la poésie d'Amay.

Démarche

- Lire, sur son site personnel, la présentation du travail du peintre et son évolution.
- Observer ses tableaux, découvrir son langage pictural.
- Titrer un tableau et comparer les titres.
- Acquérir le lexique approprié.
- Etablir un questionnaire pour préparer la rencontre.
- Rendre compte de la rencontre dans un texte critique, argumenté.

Avant la rencontre

- Projection du site de l'artiste et/ou du Cdrom contenant des reproductions.
- Collecte des réactions et des questions par équipe.

• Synthèse des travaux d'équipe.

• Répartition des questions et commentaires destinés à la rencontre.

Après la rencontre

Consigne : rédigez un rapport critique de la rencontre avec l'artiste peintre.

• Vous répondrez de manière approfondie et nuancée à deux points :
  - développez, en quelques lignes précises, trois nouveaux aspects de la peinture que vous avez découverts grâce aux explications de l'artiste ;
  - formulez précisément votre avis à propos de cette rencontre.

• Comment ?
  - Vous composerez au moins deux paragraphes détaillés et structurés.
  - Vous préciserez ce qui vous a plu et justifierez vos choix par l'emploi de mots justes.

Livres outils :

- Les dictionnaires.

- *Trouver le mot juste,* Paul Rouaix, poche n° 7939.

Sixième séquence
Qu'est-ce que le surréalisme* ?

L'ordre est le plaisir de la raison ;
mais le désordre est le délice de l'imagination.

Paul Claudel*.

A quoi reconnaît-on qu'une œuvre est surréaliste* ?

Maintenant que vous avez fréquenté l'œuvre de Magritte, que vous vous êtes familiarisé(e) avec ses images mystérieuses, que votre pensée s'est libérée au contact de son univers poétique et pictural, vous pouvez reconnaître quelques caractéristiques du surréalisme*.

Activité 1

- Consultez les dictionnaires et autres sources de renseignements afin de réunir quelques informations et définitions du surréalisme, notez bien leurs références. Lisez-les attentivement.
- N'oubliez pas que ce mouvement artistique international s'est développé surtout à Paris, mais aussi en Belgique, à La Louvière et à Bruxelles.
- Partez à la recherche de peintres, sculpteurs, écrivains, photographes, cinéastes qui ont adhéré au mouvement surréaliste.

Activité 2

- Observez que la peinture de Magritte n'est jamais abstraite*, mais bien figurative*. C'est-à-dire ? Expliquez votre réponse de manière précise.
- Chez Magritte, le titre* fait partie de l'œuvre, mais n'en est pas la traduction fidèle. Exemple ?
- Les objets représentés sont courants ; on les reconnaît immédiatement. On peut donc dire que cette façon de peindre est d'abord fidèle à la réalité. Cependant, ces objets familiers sont associés de manière tellement inhabituelle que cela entraîne une surréalité* et une perte de repères pour le spectateur mystifié par l'illusion picturale.

- Comment le peintre s'y prend-il pour perturber l'ordre habituel des choses ? Autrement dit, comment s'y prend-il pour rendre ses œuvres surréalistes ? Nous allons y répondre par l'exercice suivant.

Voici une sorte de typologie propre au langage pictural* de Magritte.

René Passeron* a précisé 5 catégories, nous en avons ajouté.

- La contradiction physique ou l'union des contraires :
  exemple dans le tableau : ....
  ....

- La logique est mise à mal par une sorte de glissement sémantique :
  exemple dans le tableau : ....
  ....

- L'apparition aberrante d'un objet à la place d'un autre :
  exemple dans le tableau : ....
  ....

- La réification, c'est-à-dire la transformation de la matière vivante en une chose :
  exemple dans le tableau : ....
  ....

- L'énigmatique absolu :
  exemple dans le tableau : ....
  ....

- Changement d'échelle :
  exemple dans le tableau : ....
  ....

- Phénomène d'apesanteur :
  exemple dans le tableau : ....
  ....

- Deux phénomènes inattendus se rencontrent :
  exemple dans le tableau : ....
  ....

- Ecart entre les mots et l'image :
  exemple dans le tableau : ....

....

Fiche réalisée à l'appui de *René Magritte*, René Passeron*.

On peut donc en déduire que le but du tableau magrittien est de surprendre le spectateur, de l'enchanter, de l'emmener par la pensée là où il ne serait pas allé tout seul.

Il est probable que l'image de l'artiste continue à agir dans notre esprit, que le processus de modification du réel se poursuive secrètement en chacun de nous. C'est la force d'une œuvre surréaliste : elle laisse agir le mystère en nous.

Observer trois figures de style* textuelles : la comparaison*, la métaphore* et la personnification*

> "L'image* est une création pure de l'esprit.
>
> Elle ne peut naître d'une comparaison mais du rapprochement de deux réalités éloignées. Plus les rapports des deux réalités rapprochées seront lointains et justes, plus l'image sera forte – plus elle aura de puissance émotive et de réalité poétique..."
>
> *Premier manifeste du surréalisme*, André Breton*.

Activité 3

Situation n° 1

Imaginons que, comme la grande romancière française Colette, vous racontiez les bonnes et mauvaises actions de votre chat. Dans votre récit, vous pourriez écrire:

Et voilà mon petit chat qui bondit comme un lion !

Observons cette phrase.

- Comptons le nombre de mots qu'elle contient : .... mots.
- Sur le personnage du chat se superpose la vision ou l'image* du ....
- Cette image est introduite par un "mot lien", qui exprime la ....
  Entourez-le.
- Cette image ou figure de style s'appelle une ....

  Elle contient 3 éléments :

  - un "mot lien" : "comme"
  - le COMPARé* : "notre chat qui bondit" (l'élément réel)
  - le COMPARant* : "un lion" (l'élément imaginaire)

Situation n° 2

En parlant toujours de votre chat, vous pourriez aussi écrire :

Et voilà notre petit lion qui bondit !

Cette phrase peut-elle être comprise en dehors du contexte ou a-t-elle besoin du récit pour être bien comprise par le lecteur ? Pourquoi ?

Observons la phrase et comparons-la avec celle de la situation 1 :

- Comptons le nombre de mots qu'elle contient : .... mots.
- Quels mots ont disparu ? ....
- Par quoi le comparé est-il remplacé ? ....
- Cette image ou figure de style* s'appelle la ....
- Le mot qui crée l'image est-il employé au sens propre ou au sens figuré* ?

Situation n°3

En parlant toujours du chat, vous pourriez aussi écrire :

Parfois, il se fâche et descend bouder dans son panier à la cave.

- Ici, l'animal est presque devenu une personne. Grâce à quels mots ? ....
- Cette figure de style s'appelle une ....
- Retenez la définition : la .... consiste à attribuer des caractéristiques humaines à des choses, des objets ou des animaux. On dit alors qu'ils sont ....

En résumé.

Il y a trois images ou figures de style imagées.

1. La **comparaison*** est une image qui rapproche des éléments ayant des caractéristiques communes.

2. La **métaphore*** est l'emploi, au sens figuré, d'un mot image, basé sur une analogie sous-entendue.

3. La **personnification*** est une métaphore animée qui attribue une caractéristique humaine à des objets, des choses ou des animaux.

Remarques.

> La comparaison contient plus de mots que la métaphore. Elle est plus explicite.

> La métaphore est basée sur une **analogie*** (= une ressemblance) entre des éléments *réels* et *imaginés.* Elle nécessite une lecture plus attentive du texte, car elle est plus mystérieuse.

Pratiquer la métaphore et la personnification comme les surréalistes

Activité 4

Observez les vers surréalistes* et repérez les figures de style*.

- PAUL ELUARD*, poète français

  - *Les petites rues sont des couteaux.*
  - *Je sors au bras des ombres.*
  - *Sur ma main le museau du lit.*
  - *Je porte un panier de mauvais réveil*

Œuvres complètes, © Gallimard.

- VÉNUS KHOURY- GHATA, poète franco-libanaise

  - *L'enfant à naître boitera du cœur*

Anthologie personnelle, © Actes Sud.

- *Voyant un chemin venir de loin*
  la maison se hisse sur la pointe du seuil
  gesticule des volets
  cligne de la lucarne
  pendant que ses vitres éclatent en sanglots
  dans les bras du premier tournant.

Extrait de *Qui parle au nom du jasmin,* recueilli dans *Anthologie personnelle,* © Editions Actes Sud.

Constatations : ....

....

....

....

Activité 5

Complétez ce qui manque pour créer des phrases surréalistes*, contenant des métaphores ou des personnifications. Vous comparerez vos trouvailles.

Ajoutez le verbe avec ou sans préposition

La fenêtre ouverte .... le jardin.

L'horloge .... son temps.

La pelote de laine .... son chemin.

Le fauteuil vert .... à l'angle de la nuit.

Ajoutez le complément avec ou sans préposition

Le haut mur de pierre rêve ....

L'oiseau envoie ....

L'étang envahi de roseaux étouffe ....

Le petit chemin de terre avance ....

Continuez les débuts de phrases suivantes toujours de manière surréaliste

Le sac abandonné ....

La porte de ma chambre ....

L'horizon ....

Le petit pont de bois ....

Choisissez 5 verbes ; introduisez-les dans des phrases surréalistes de votre invention

patiner – ficeler – dessiner – tordre – nourrir – bouder – porter – applaudir – rompre – ronronner – cogner – ...

Ouverture : inédits, écrits en ateliers *

Quelques belles trouvailles surréalistes de lycéennes professionnelles.

“Le feu éclaire un coin de mon âme que personne ne voit jamais.”

“Le verre d’eau tombe dans un profond sommeil.”

“Le verre d’eau prend ses jambes à son cou.”

“Le verre d’eau avale les mensonges.”

“Le livre a mordu son lecteur.”

“L’arbre caresse les passants.”

“Je caresse mes rêves toutes les nuits.”

“J’enfile mon manteau pour aller caresser le lac de mousse.”

Septième séquence
Au revoir, Monsieur Magritte !

Imaginer, c'est donc hausser le réel d'un ton.

Gaston Bachelard*

Baptiser Magritte*

Activité 1

Maintenant que vous avez fréquenté l'œuvre de Magritte avec intensité, vous êtes à même de le re-baptiser. Quel surnom lui donneriez-vous ? Vous pouvez vous inspirer de la culture grecque de l'Antiquité qui accordait aux dieux et déesses des qualificatifs vantant leurs mérites.

Exemple : *Achille au pied léger.*

Pour notre compte, nous avons opté pour *Magritte, l'inconnu familier.*

Lettre à Magritte*

Activité 2

Imaginez que Magritte soit toujours vivant et que vous lui écriviez vos impressions après avoir visité son musée. Que lui diriez-vous ?

Conseils rédactionnels* et étapes du travail.

- Le brouillon : écrivez le plus spontanément possible tout ce qui vous passe par l'esprit et par le cœur à propos de l'œuvre de Magritte ;
- Retravaillez votre brouillon en ayant soin d'employer le terme propre. Coupez les phrases trop longues. Classez vos idées. Créez des paragraphes. Retouchez-les à l'aide de vos pioches de mots ;
- Relisez votre texte à voix haute afin d'entendre si les phrases coulent bien ;
- Recopiez votre texte proprement sur papier à lettre, en respectant la mise en page de la correspondance.

Le petit reporter : le texte informatif*

Activite 3 : lire-écrire un article de presse*

- Sélectionnez un article de presse consacré au musée Magritte.
- Observez ses règles d'écriture et de composition ; identifiez ses composantes à l'aide du support théorique suivant.
- A votre tour, écrivez un article rendant compte de votre visite au musée Magritte. Ajoutez-y une image adaptée à vos propos.

Support théorique : composantes d'un article de presse*

Objectif : reconnaître les éléments constitutifs d'un article de presse, les nommer, en maîtriser le lexique.

Remarque : toutes les composantes ne se retrouvent pas forcément dans tous les articles dont la longueur et l'importance peuvent varier.

- **Agence de presse** : entreprise (inter)nationale qui récolte puis envoie aux journaux des informations sous forme de dépêches. Exemples : Belga, AFP, AP, Reuters.
- **Alinéa** : retrait en début de paragraphe.
- **Chapeau** : résumé de l'information. Il a pour rôle de permettre au lecteur qui ne lit pas tout l'article de savoir de quoi il s'agit. Le chapeau est toujours imprimé dans un caractère plus gras et/ou plus grand pour attirer l'attention et susciter l'envie de lire tout l'article. Il introduit de longs articles.
- **Corps de l'article** : il peut s'étendre sur plusieurs colonnes. On peut en établir le plan.
- **Exergue** : mise en évidence d'un aspect particulier, exceptionnel, remarquable du sujet avec toujours la reprise de mots du texte. Parfois encadré par du blanc ou par un filet.

- **Filet** : ligne de séparation entre des articles ou des colonnes.

- **Hors-texte** : informations pratiques, mineures et complémentaires.

- **Image** : selon les sujets, elle peut occuper une place plus ou moins grande. Rares sont les articles importants qui n'ont pas d'illustration. Toujours en rapport avec le sujet de l'article, elle joue un rôle primordial pour accrocher l'attention. Elle est souvent signée; le photographe est responsable de son cliché; il en détient les droits de reproduction. Attention : l'image peut être une photo, un dessin, un graphique, un tableau, etc.

- **Intertitres** : indispensables dans les longs articles, ils rythment la lecture, orientent le lecteur dans sa recherche et relancent l'intérêt. Ils attirent l'attention sur des aspects importants du sujet. Ils favorisent une lecture rapide.

- **Journaliste** : nom du rédacteur ou reporter, responsable de ses propos. Signe parfois de ses initiales.

- **Légende** : texte explicatif accompagnant l'illustration.

- **Lettrine** : c'est la première lettre d'un texte, imprimée dans une police spéciale, plus grasse, simple ou ornée. Elle attire irrésistiblement le regard et suscite l'envie de lire. Elle est facultative.

- **Lieu d'émission** : parfois, le reportage a été écrit dans un lieu précis qui est mentionné en début d'article.

- **Note en fin d'article** : informations complémentaires diverses.

- **Références** : elles indiquent le titre de l'article, le nom du journaliste, celui du Journal, la date, le jour et la page. Elles sont indispensables en cas de citation.*

- **Rubrique** : classement très général au sein du journal. Il y en a plusieurs. On les trouve souvent en haut de la page du journal.

- **Seconde entrée** : article contenant un autre article relatif au premier et présentant un autre aspect du sujet.

- **Sous-titre** : joue souvent le rôle de chapeau.

- **Sujet** : thème moins général. Une même rubrique peut présenter plusieurs sujets. Un sujet peut avoir plusieurs entrées, c'est-à-dire plusieurs articles abordant l'information sous différents angles.

- **Surtitre** : titre placé au-dessus du titre qui aide à comprendre celui-ci et précise les circonstances de temps et de lieu.

- **Titre** : informatif et accrocheur par son contenu et par ses caractères grands et gras.

Qui est René Magritte ?

René Magritte* (1898-1967)

Biographie

René François Ghislain Magritte est le fils de Léopold Magritte, tailleur, et de Régina Bertinchamp, modiste. Sa famille s'installe en 1900 à Gilly où naissent ses deux frères Raymond et Paul. En 1910 ses parents s'installent à Châtelet où il suit un cours de peinture. Leurs affaires marchant mal, son enfance se passe en déménagements constants. En 1912 sa mère se suicide par noyade dans la Sambre. Magritte, ses deux frères et son père habitent l'année suivante à Charleroi. Il fait ses études à l'athénée de la ville et se passionne alors pour les films de Fantômas, lit Stevenson, Edgar Poe, Maurice Leblanc et Gaston Leroux. Lors de la foire de Charleroi, il rencontre en 1913 une fille de treize ans, Georgette Berger, dont le père est boucher à Marcinelle. Ils se rencontrent régulièrement sur le chemin de l'école. Les premières œuvres de Magritte, de style impressionniste, datent de 1915.

De 1916 à 1918, Magritte fréquente l'Académie royale des Beaux-Arts de Bruxelles où il suit les cours de Van-Damme-Sylva, Combaz et Constant Montald. Sa famille installée à Bruxelles, il travaille en 1919 et 1920 dans l'atelier de Pierre-Louis Flouquet qui lui fait découvrir le cubisme et le futurisme. Avec Flouquet et les frères Pierre et Victor Bourgeois, il collabore à la revue *Au volant* que dirige Pierre Bourgeois. Des toiles de Magritte et Flouquet sont exposées en janvier 1920 au Centre d'art de Bruxelles. Le même mois Magritte rencontre E. L. T. Mesens, engagé comme professeur de piano pour son frère Paul. Après avoir fait en 1921 et 1922 son service militaire au camp de Beverloo, près de Leopoldsburg, puis au ministère de la guerre à Anvers, il épouse en juin 1922 Georgette Berger qu'il a retrouvée par hasard au Jardin botanique de Bruxelles en 1920 et travaille comme dessinateur, avec le peintre Victor Sercranckc, dans l'usine de papier peint Peeters-Lacroix.

En 1924, Magritte rencontre Camille Goemans et Marcel Lecomte qui l'introduisent dans le milieu Dada. Il doit alors à Lecomte, ou selon Scutenaire, à Mesens, sa plus grande émotion artistique : la découverte d'une reproduction du *Chant d'amour* de Giorgio de Chirico (1914).[1] "Mes yeux ont vu la pensée pour la première fois," écrira-t-il en se souvenant de cette révélation. En octobre, Magritte et Mesens projettent de lancer, avec Goemans et Lecomte, une nouvelle revue, *Période*, coulée dès avant sa naissance par un tract lancé par Paul Nougé puis fondent en mars 1925 la revue *Œsophage* (un seul numéro).

Le rapprochement du groupe de *Correspondance*, qui réunit dès 1924 Nougé, Goemans et Lecomte, avec Mesens et Magritte, leur confection d'un tract commun en septembre 1926 contre Cocteau, auquel s'associe le musicien André Souris, leur participation commune en 1927 au dernier numéro de la revue *Marie* créée par Mesens en juin 1926, marquent l'ébauche de la constitution du groupe surréaliste de Bruxelles, que rejoint en juillet Louis Scutenaire. Le groupe se trouvera réuni en janvier 1928 pour la première grande exposition de Magritte à la galerie *L'Époque* dirigée par Mesens, dont la préface de Nougé est contresignée par Goemans, Lecomte, Mesens, Scutenaire et Souris. Magritte peint dès 1926 *Le Jockey perdu*, l'une de ses premières toiles surréalistes (exposée en avril 1927 à la galerie *Le Centaure*) et réalise plusieurs projets publicitaires pour la maison de couture Norine van Hecke, en 1927 illustre pour la maison Muller et Samuel le catalogue des fourrures pour 1928 (le *Catalogue Samuel*), édité avec des textes de Nougé.

En août 1927, Magritte quitte la Belgique et séjourne au Perreux-sur-Marne, (Val-de-Marne) jusqu'en juillet 1930. Il rencontre les surréalistes (André Breton, Paul Éluard, Max Ernst, Salvador Dalí), participe à leurs activités et expose à la galerie Goemans. Il publie en 1929 *Le Sens propre*, suite de cinq tracts reproduisant chacun l'un de ses tableaux avec un poème de Goemans, et *Les Mots et les images* dans *La révolution surréaliste*. Durant l'été, il rend visite à Dali à Cadaqués où il retrouve Éluard et Gala. Il rentre à Bruxelles en 1930 et y présente en 1931 une exposition organisée par Mesens, avec une préface de Nougé. Il adhère l'année suivante au Parti communiste belge et rencontre Paul Colinet*. Entre 1931 et 1936, il participe à une petite

1 "C'est Édouard – et nul autre que lui – qui montre à René Magritte la reproduction d'une toile de Chirico, *Le chant d'amour*, une œuvre qui enthousiasma le jeune peintre au point qu'il faut y voir le détonateur de l'explosion magritienne" (Louis SCUTENAIRE, *Mon ami Mesens*, Bruxelles, 1972 p.31). Cf. *Le chant d'amour*, MOMA, New York.

entreprise de publicité [1], une activité alimentaire qu'il n'exerce certainement pas par vocation et qui s'est étendue sporadiquement entre 1918 et 1965.

Magritte expose en 1933 au Palais des Beaux-Arts de Bruxelles et dessine en 1934 *Le Viol* pour la couverture de *Qu'est-ce que le surréalisme ?* d'André Breton. Il réalise en 1936 sa première exposition à New York, à la galerie Julien Levy, fait la connaissance l'année suivante de Marcel Mariën et séjourne à Londres où il expose en 1938 à la London gallery de Mesens. Après avoir dirigé de février à avril 1940 avec Ubac la revue *L'Invention collective* (deux numéros), Magritte, après l'invasion allemande, le 19 mai 1940, de la Belgique, quitte Bruxelles, séjourne trois mois à Carcassonne, où le rejoignent Scutenaire, Irène Hamoir, Raoul et Agui Ubac, puis rentre à Bruxelles.

De 1943 à 1945 Magritte utilise la technique des impressionnistes durant sa période du surréalisme *en plein soleil* ou *période Renoir*. En 1943, *Les Images défendues* de Nougé et *Magritte* de Mariën, en 1947 *René Magritte* de Scutenaire, constituent les premiers ouvrages qui lui sont consacrés. En mars 1948, il peint en six semaines une quarantaine de tableaux et de gouaches aux tons criards (*période vache*) destinés, en un acte typiquement surréaliste, à dérouter les marchands parisiens et scandaliser le bon goût français, qui sont exposées à la galerie du Faubourg et préfacées par Scutenaire (*Les pieds dans le plat*).[2] Irène Hamoir léguera bon nombre de ces œuvres au Musée de Bruxelles.

De 1952 à 1956, Magritte dirige la revue *La Carte d'après nature*, présentée sous forme de carte postale. Il réalise en 1952 et 1953 *Le Domaine enchanté*, huit panneaux pour la décoration murale du casino de Knokke-le-Zoute, en 1957 *La Fée ignorante* pour le Palais des Beaux-Arts de Charleroi et en 1961 *Les Barricades mystérieuses* pour le Palais des congrès de Bruxelles. Une première exposition rétrospective de son œuvre est organisée en 1954 par Mesens au Palais des Beaux-Arts de Bruxelles. Le succès de Magritte vient lentement grâce au marchand Iolas, à partir de 1957, et à l'Amérique.

1. Affiche pour les chocolats Tonny's.

2. Xavier CANONNE, *Le surréalisme en Belgique, 1924-2000*, Actes Sud, Paris, 2007, p.66-68. Xavier Canonne ajoute que devant l'incompréhension, "Paul Éluard excepté", Magritte "pour faire plaisir à son épouse" revient à sa manière d'antan, même s'il se promet, dans une lettre à Scutenaire du 7 juin 1948 de trouver "le moyen d'y glisser de temps à autre une bonne grosse incongrue. Et cela n'empêchera pas les publications pour nous amuser. Cela ce sera du travail hors des heures d'atelier pour moi comme c'est hors des heures de bureau pour Scut."

En avril 1965, il part pour Ischia en Italie pour améliorer sa santé et passe par Rome. En décembre, il se rend pour la première fois aux États-Unis à l'occasion d'une exposition rétrospective au MOMA, présentée par la suite à Chicago, Berkeley et Pasadena. En juin 1966 et juin 1967, les Magritte passent avec Scutenaire et Irène Hamoir des vacances en Italie. Le 4 août, une nouvelle rétrospective s'ouvre au Musée Boijmans Van Beuningen de Rotterdam.

Le 15 août, Magritte, atteint d'un cancer, meurt chez lui, à soixante-neuf ans. Il est enterré aux côtés de son épouse au cimetière communal de Schaerbeek. Sa sépulture fait l'objet d'une procédure de classement comme monument et site.

Son œuvre

"Une caisse auprès de son berceau, la récupération d'un ballon de navigation échoué sur le toit de la maison familiale, la vision d'un artiste peintre peignant dans le cimetière où il jouait avec une petite fille [1] trois souvenirs d'enfance que l'artiste gardera toute sa vie", résume une biographie de Magritte.[2]

Ses peintures jouent souvent sur le décalage entre un objet et sa représentation. Par exemple, un de ses tableaux les plus célèbres est une image de pipe sous laquelle figure le texte "Ceci n'est pas une pipe" (*La Trahison des images*, 1928-1929). Il s'agit en fait de considérer l'objet comme une réalité concrète et non pas en fonction d'un terme à la fois abstrait et arbitraire. Pour expliquer ce qu'il a voulu représenter à travers cette œuvre, Magritte a déclaré ceci : "La fameuse pipe, me l'a-t-on assez reprochée ! Et pourtant, pouvez-vous la bourrer ma pipe ? Non, n'est-ce pas, elle n'est qu'une représentation. Donc si j'avais écrit sous mon tableau "ceci est une pipe", j'aurais menti !"

---

1 "Dans mon enfance, j'aimais jouer avec une petite fille, dans le vieux cimetière désaffecté d'une petite ville de province. Nous visitions les caveaux souterrains dont nous pouvions soulever les lourdes portes de fer et nous remontions à la lumière, où un artiste peintre, venu de la capitale, peignait dans une allée du cimetière, très pittoresque avec ses colonnes de pierres brisées jonchant les feuilles mortes. L'art de peindre me paraissait alors vaguement magique et le peintre doué de pouvoirs supérieurs." (Magritte, *Conférence*, 1938).

2 Patrick WALDBERG, *Magritte, peintures*, L'autre musée, Paris, 1983, p.19.

La peinture de Magritte s'interroge sur sa propre nature et sur l'action du peintre sur l'image. La peinture n'est jamais une représentation d'un objet réel, mais l'action de la pensée du peintre sur cet objet. Magritte réduisait la réalité à une pensée abstraite rendue en des formules que lui dictait son penchant pour le mystère : "je veille, dans la mesure du possible, à ne faire que des peintures qui suscitent le mystère avec la précision et l'enchantement nécessaire à la vie des idées", déclara-t-il. Son mode de représentation, qui apparaît volontairement neutre, académique, voire scolaire, met en évidence un puissant travail de déconstruction des rapports que les choses entretiennent dans la réalité. Magritte excelle dans la représentation des images mentales. Pour Magritte, la réalité visible doit être approchée de façon objectale. Il possède un talent décoratif qui se manifeste dans l'agencement géométrique de la représentation. L'élément essentiel chez Magritte, c'est son dégoût inné de la peinture plastique, lyrique, picturale. Magritte souhaitait liquider tout ce qui était conventionnel. "L'art de la peinture ne peut vraiment se borner qu'à décrire une idée qui montre une certaine ressemblance avec le visible que nous offre le monde" déclara-t-il. Pour lui, la réalité ne doit certainement pas être approchée sous l'angle du symbole. Parmi les tableaux les plus représentatifs de cette idée, *La Clairvoyance* (1936) nous montre un peintre dont le modèle est un œuf posé sur une table. Sur la toile, le peintre dessine un oiseau aux ailes déployées.

Un autre tableau, *La Reproduction interdite* (1937) montre un homme de dos regardant un miroir, qui ne reflète pas le visage de l'homme mais son dos. De la même manière, la peinture n'est pas un miroir de la réalité.

Peintre de la métaphysique et du surréel, Magritte a traité les évidences avec un humour corrosif, façon de saper le fondement des choses et l'esprit de sérieux. Il s'est glissé entre les choses et leur représentation, les images et les mots. Au lieu d'inventer des techniques, il a préféré aller au fond des choses, user de la peinture qui devient l'instrument d'une connaissance inséparable du mystère. "Magritte est un grand peintre, Magritte n'est pas un peintre", écrivait dès 1947 Scutenaire.[1]

---

1 Louis SCUTENAIRE, *Avec Magritte*, Bruxelles, Lebeer-Hossmann, 1977, p.5 (recueil de la plupart des nombreux textes, de 1947 à 1976, de Scutenaire sur Magritte).

Bibliographie

Sur la littérature et l'écriture

BACHELARD, Gaston, *L'air et les songes,* éditions José Corti, 1943.

BACHELARD, Gaston, *La psychanalyse du feu,* folio essais, n°25, 1949.

BACHELARD, Gaston, *La flamme d'une chandelle,* éditions Quadrige, P.U.F., 1961.

BARTHES, Roland, *Le plaisir du texte,* éditions Seuil, 1973.

BARTHES, Roland, *Le degré zéro de l'écriture,* éditions Seuil, 1953.

BLOT ET PORCHER, *Poèmes à l'école,* éditions Armand Collin, 1980.

BONNEFOY, Yves, *L'improbable et autres essais,* folio essais, n°203, éditions Gallimard, 1980.

BRETON, André et ELUARD, Paul, *Dictionnaire abrégé du surréalisme,* éditions José Corti, 1938.

BROOKFIELD, Karen, *L'écriture et le livre,* éditions Gallimard, Les yeux de la découverte, 1993 et 2004.

CEYSSON et IMBERT, *La poésie comme un langage,* éditions Larousse, 1978.

CHARPENTREAU, Jacques, *Le mystère en fleur,* les enfants et l'apprentissage de la poésie, Editions Ouvrières, collection Enfance heureuse, 1979.

CORAN, Pierre, *Poésie vivante à l'école,* éditions Casterman, 1980.

DUCHESNE et LEGAY, *Lettres en folie,* éditions Magnard, 1988.

DUCHESNE et LEGAY, *Petite fabrique de littérature,* éditions Magnard, 1985.

DUCHESNE et LEGAY, *Les petits papiers ; écrire des textes courts,* éditions Magnard, 1991.

FOREST, Philippe, *Le symbolisme ou naissance de la poésie moderne,* éditions Bordas, 1989.

FOZZA, Jean-Claude, GARAT, Anne-Marie et PARFAIT, Françoise, *Petite fabrique de l'image,* éditions Magnard, 1989.

GAMARD, Matthieu, *Le travail de l'écriture,* éditions Magnard, 2002.

JACCOTTET, Philippe, *De la poésie,* entretien ; éditions Arléa, 2007.

JAKOBSON, Roman, *Huit questions de poétique,* Points, éditions Seuil, 1977.

JOUBERT, Jean, *Cinquante poèmes pour un espace blanc,* Grasset, 1982, repris dans *Anthologie personnelle,* Actes Sud, 1997.

JOUBERT, Jean-Louis, *La poésie,* éditions Armand Colin, 1977.

JOUBERT, Jean-Louis, *Genre et forme de la poésie,* éditions Armand Collin, Collection U, 2003.

JOYEUX, Micheline, *Les figures de style,* éditions Hatier, profil formation, n°510.

LIBERT, Béatrice, *La classe de français en fête,* éditions Dessain, 1983.

LIBERT, Béatrice, *Jean Joubert, parcours poétique,* éditions L'Arbre à paroles, 2006.

MEYER et PHÉLUT, *Apprendre à écrire au collège,* éditions Chronique Sociale, Lyon, 1983.

MOUNIN, Georges, *Sept poètes et le langage,* éditions Gallimard, coll. Tel, 1992.

MOUNIN, Georges, *Avez-vous lu Char ?,* folio essais, éditions Gallimard, 1947.

NADEAU, Maurice, *Histoire du surréalisme,* Essais Point, éditions Seuil, 1964.

NAYROLLES, Françoise, *Pour étudier un poème,* éditions Hatier, profil formation n°421, 1987.

ONIMUS, Jean, *La connaissance poétique,* éditions Desclée De Brouwer, 1966.

OULIPO, *Atlas de littérature potentielle,* folio essais, éditions Gallimard, 1981.

PETITJEAN, Roger, *La transformation de texte,* éditions Cedic, 1984.

RICHARD, Jean-Pierre, *Poésie et profondeur,* Points, éditions Seuil.

RILKE REINER, Maria, *Lettre à un jeune poète,* Grasset, 1937.

ROCHE, GUIGUET et VOLTZ, *L'atelier d'écriture : éléments pour la rédaction du texte littéraire,* éditions Bordas.

ROEGIERS, Patrick, *Le mal du pays, autobiographie de la Belgique,* Points, éditions Seuil, 2003.

SALLENAVE, Danièle, *Lettres mortes : de l'enseignement des lettres en général et de la culture en particulier,* éditions Michalon, 1995.

SALLENAVE, Danièle, *Le don des morts, sur la littérature,* éditions Gallimard, 1991.

SALLENAVE, Danièle, *A quoi sert la littérature ?,* éditions Textuel, 1997.

SALOME, Jacques, *Le courage d'être soi. L'art de communiquer en conscience,* éditions du Relié, 1999.

STETIE, Salah, *L'interdit,* éditions José Corti, 1993.

VERMEERSCH, Gérard, *La petite fabrique d'écriture,* éditions Magnard, 1996.

Dictionnaires

CHEVALIER, Jean et GHEERBRANT, Alain, *Dictionnaire des Symboles,* éditions Robert Laffont, collection *Bouquins.*

Le dictionnaire des Belges, éditions Le Cri, Bruxelles, 1998.

ROUAIX, Paul, *Trouver le mot juste,* LP n°7939.

Poésie

Recueils

ASCAL, Françoise, *Dans le sillage d'Icare,* avec 12 dessins de Jacques Pierre Amée, Editions Cirrus, 1997.

BOSQUET, Alain, *Poèmes, un* (1945-1967), éditions Gallimard, 1979.

BEAUCARNE, Julos, *Le navigateur solitaire sur la mer des mots,* éditions Les Eperonniers, 1997.

CARÊME, Maurice, *Entre deux mondes,* éditions Nathan, 1970.

CHARPENTREAU, Jacques, *Poèmes d'aujourd'hui pour les enfants de maintenant,* éditions Vie Ouvrière, coll. Enfance Heureuse, 1972.

CHARPENTREAU, Jacques, *Les plus beaux poèmes d'hier et d'aujourd'hui,* Fleurs d'encre, éditions Hachette Jeunesse, 1999.

CHARPENTREAU, Jacques, *Luttes et luths,* 200 poèmes inédits sur le sport, Fleurs d'encre, éditions Hachette Jeunesse, 1992.

CHÉDID, Andrée, extrait de *Double pays*, 1965, repris dans *Textes pour un poème*, 1949-1970, éditions Flammarion, 1987.

CORAN, Pierre, *Inimaginaire*, Editions Labor, Zone J, 2000.

COSEM, Michel, *Au pays des braises bleues*, Pluie d'étoiles éditeur, Toulon, 1998.

DE BURINE, Claude, *Le pilleur d'étoiles*, éditions Gallimard, 1997.

DORION, Hélène, *Mondes fragiles, choses frêles*, éditions Hexagone, Montréal, 2006.

FRASER, Sanford, Babelmed.net, revue *trans-ports poétiques*.

GUILBAUD, Luce, *La petite feuille aux yeux bleus*, collection *Le farfadet bleu*, éditions L'Idée bleue, 1992.

HEBERT, Anne, *Œuvre poétique, 1950-1990*, éditions Le Seuil.

IZOARD, Jacques, *Dormir sept ans*, 2001, repris dans *II Poésies* (1979-2000), éditions La Différence, 2006.

IZOARD, Jacques, *Aveuglément Orphée, 1967*, repris dans *I Poésies (1951-1978)*, éditions La Différence, 2006.

JACQMIN, François, *Les saisons*, éditions Labor Poche, 1988.

JOUBERT, Jean, *Anthologie personnelle*, éditions Actes Sud, 1997.

KHOURY-GHATA, Vénus, *Anthologie personnelle*, éditions Actes Sud, 1997.

LANCE, Alain, *Le temps criblé*, poèmes 1962-1999, éditions Le temps qu'il fait, Obsidiane, 2000.

LIBERT, Béatrice, *Renaît.. Magritte*, gravures de Raphaël Kleweta, éditions Anima Mundi, 2008.

MAULPOIX, Jean-Michel, *Une histoire de bleu*, éditions Mercure de France, 1992.

MICHAUX, Henri, *En rêvant à partir de peintures énigmatiques*, recueilli dans *Affrontements*, Editions Gallimard, 1986.

NORAC, Carl, *Dimanche aux Hespérides*, éditions La Différence, 1994.

QUENEAU, Raymond, *Exercices de style*, éditions Gallimard, 1947, coll. Folio.

RIMBAUD, Arthur, *Poésies*, NRF, éditions Gallimard, 1973.

THUMANN, Sophie-Leï, *Origamis mes amis*, illustrations d'Eric Battut, Editions Du Rocher, collection Lo Païs *d'Enfance*, 2007.

WERTZ, Mireille, *C'est une pluie fine*, éditions Tétras-Lyre, Soumagne, 2007.

WOUTERS, Liliane, *Changer d'écorce, Poésie 1950-2000*, éditions La Renaissance du Livre, 2001.

Revues

Lieux d'être n°26, Marcq-en-Barœul, *Bleu, rouge, jaune* .

J'ai pris goût au mot prune, Béatrice Libert, revue “Enjeux”, n°24, *Enseigner la poésie*, Namur, décembre 1991.

Credo, Béatrice Libert, revue “Français 2000”, janvier 1995, n°143/144, SBPF, Bruxelles, *Enseigner la poésie ?*

La poésie, entre vers et prose, Béatrice Libert, revue “Le français dans tous ses états”, N°37, 1998, Montpellier.

Sites

www.babelmed.com ("Trans-ports poétiques")

www.maisondelapoesie.com

www.maisondelapoesie.be

www.pluiedetoiles.com

www.printempsdespoetes.com

Contes

CARROL, Lewis, *Alice au pays des merveilles,* suivi de *De l'autre côté du miroir,* éditions Marabout.

Quelques livres sur et autour de la peinture

CANTA, Lillo, *Magritte,* éditions Duculot, 1991.

COLINET, Paul, *Pour illustrer Magritte,* Bruxelles, éditions Les Lèvres nues, 1971.

JULIET, Charles, *Entretien avec Fabienne Verdier,* éditions Albin Michel, 2007.

KANDINSKY, *Du spirituel dans l'art et dans la peinture en particulier,* folio essais, éditions Gallimard, 1996.

LAGEIRA, Jacinto, *Magritte : Mots et images,* Hors série, Découverte, éditions Gallimard.

LIEVRE-CROSSON, Elisabeth, *Du cubisme au surréalisme,* Les essentiels, éditions Milan, 1999.

MAGRITTE, René, *Ecrits complets,* édition établie et annotée par André Blavier, Flammarion, 1979.

MEURIS, Jacques, *René Magritte,* éditions Taschen, 1997.

NOEL, Bernard, *Magritte,* éditions P.O.L. 1998.

PAQUET, Marcel, *Magritte,* éditions Taschen, 1993.

PASSERON, René, *Magritte,* éditions Filipacchi Odege, Paris, 1970, coll. La septième face du dé.

PIERRE, José, *L'univers surréaliste,* éditions Somogy, 1983.

SCUTENAIRE, Louis, *Avec Magritte,*Lebeer-Hossmann, Bruxelles, 1977.

Magritte, catalogue du centenaire, Musées royaux des Beaux-Arts de Belgique, éditions Flammarion, 1998.

Divers

Travailler au cdi en histoire et géographie, Paris, éditions Hachette éducation, 1994.

Journal de bord, JFB, éditions de la presse francophone et germanophone, avec la collaboration du Conseil de l'Education aux médias et de la Communauté française de Belgique. Editeur responsable, Margaret Boribon, Bruxelles. Site : www.jfb.be

Education à la citoyenneté par l'analyse de la presse, JFB, Crep ASBL.

Wikipédia, l'encyclopédie libre.

L'auteur

Depuis l'enfance, Béatrice Libert est fascinée par le monde du langage et l'empire des mots. Elle les découvrit dans la pharmacie familiale où elle apprit à lire. Et le vocabulaire de la pharmacopée exerça son pouvoir sur sa sensibilité. Plus tard, la découverte de la poésie, et plus largement de l'art, réveilla le charme et alimenta la nécessité.

Longtemps professeur de français et de théâtre dans l'enseignement secondaire, elle s'est spécialisée, dès les années septante, dans les pratiques d'écritures poétiques. Aujourd'hui, elle écrit, anime des ateliers d'écriture, des rencontres littéraires, donne des conférences et des journées de formation continuée pour les enseignants désireux de s'ouvrir à la poésie moderne et contemporaine.

Passionnée par l'art sous toutes ses formes, elle collabore aussi avec d'autres artistes.

Membre de l'Association des Ecrivains Belges, de la Charte, de la Sacd, du Cief et du Pen Club international.

Ses poèmes sont traduits en plusieurs langues.

Publications

POESIE :

Invitation, Liège, éditions Thalia, 1979.

Parades, Bruxelles, éditions André De Rache, 1983.

Baisers volés à Paul Eluard, suivi de Remparts, Bruxelles, éditions Vie Ouvrière et Paris, P. Zech, 1989.

Lalangue du désir et du désarroi, Amay, L'Arbre à paroles, collection Buisson ardent, 1991.

Traduction italienne de Francis Tessa, *Lingua desiderio sgomento,* coll. Traverses, 1995.

La Passagère, Bruxelles, Vie Ouvrière et Paris, Pierre Zech, 1994.

Le bonheur inconsolé, L'Arbre à paroles, Amay, 1997.

Vol à main nue, L'Arbre à paroles, Amay, 1998.

Le rameur sans rivage, La Différence, Paris, 1999.

Un arbre cogne à la vitre, Pluie d'étoiles, Toulon, 2000.

En vertu de nous-mêmes, Tétras Lyre, Soumagne, 2001, coll. Lettrimage, encres de Maria Desmée.

Petit bréviaire amoureux, Les Ecrits des Forges, Trois-Rivières, Québec, 2002.

Le rameur sans rivage / Vislas fara tarm, traduction de G et C Abaluta, Universal Dalsi, Bucarest, 2002.

Le Passant fabuleux, Autres Temps, Marseille, 2003.

Le *jardin fragile,* Alain-Benoît, Rochefort-du-Gard, 2004; dessins de Martine Chittofrati.

Litanie pour un doute, Encres Vives, n°313, Colomiers, 2004.

Alphabet blanc, La Porte, Laon, 2004.

Etre au monde, La Différence, Paris, 2004.

Edward Hopper : en regard de ses tableaux, poèmes, avec Christophe Durand-Le Men, éditions Poiêtês, Luxembourg, 2006.

Paroles du soir, encres d'Anne Slacik, Alain-Benoît, Rochefort-du-Gard, collection Brèche, 2007.

Passage et permanence, gravures d'Annie Gaukema, Le Tétras-Lyre, Soumagne, 2008.

Ton corps, avec des nus de Pierre Cayol, Rochefort-du-Gard, Alain Benoît, 2008.

ESSAIS :

La classe de français en fête, Dessain, Liège, 1983.

Jean Joubert, en collaboration avec M-C Masset, L'Arbre à paroles, Amay, 1996.

Marie-José Viseur, Dossier L, Service du Livre Luxembourgeois, Marche, 1999.

Jean Joubert, parcours poétique, L'Arbre à paroles, Amay, 2006.

RECITS :

Une enfance au creux des mots, Couleur Livres, Charleroi, 2005.

SUR LA TOILE :

Le bonheur inconsolé / La Passagère / Litanie pour un doute / traduction roumaine de Luiza Palenciuc, éditions www.LiterNet.ro, février 2005.

MONOGRAPHIE :

Chantal Bietlot, artiste peintre, chez l'artiste, Visé, 2006.

L'auteur tient à remercier, pour leur aide précieuse et leurs encouragements,
Jean Joubert,
Marie Meurs,
Geneviève Tilman
et Marie-Thérèse Vandermeulen.

Index

Déjà parus chez le même éditeur :

Sous la direction de Philippe Béague
Association Françoise Dolto

Parents, enseignants... la guerre ouverte ?

Les enfants et les adolescents affichent de plus en plus des attitudes qui révèlent un manque de structuration. Paradoxalement, les parents, taxés pourtant de *démissionnaires*, n'ont jamais autant interpellé les professionnels de l'éducation. *Qui sont ces parents face à nous ? Comment mettre en place une "alliance éducative" dans laquelle chacun s'entraide et se sente respecté ?*

■ 120 p. ■ 15*22 cm ■ 14,90 € ■ Livre + DVD

Sous la direction de Philippe Béague
Association Françoise Dolto

Quels repères pour grandir ?

Enfants rois, tyrans, violents, hyperactifs ? Parents et éducateurs fragilisés, déboussolés, démissionnaires ? L'éducation est-elle en crise ?

Autour d'Albert Jacquard, les auteurs de ce livre tonique et rassurant partagent leur conviction personnelle ou le fruit de leur expérience. Psychanalyste, sociologue, pédagogue, thérapeute familial et philosophe proposent un regard croisé sur l'éducation.

■ 112 p. ■ 15*22 cm ■ 14,90 € ■

Agnès Noël
Avant-propos de Philippe Meirieu
Préface de Philippe Béague

A l'insu des savoirs... Libérer l'école des slogans qui la tuent

Un manifeste de résistance aux rabotages, aux viols d'intimité d'une société ficelée dans un réseau confus de sollicitations et d'agressions de l'imaginaire. Ce livre refuse toutes ces simplifications qui voudraient nous refuser l'intelligence d'une tâche complexe, et obscurément vivante : faire grandir des jeunes d'hommes. Et vouloir reconstruire un espace de la conscience, de la présence corporelle paisible, de la sensibilité respectueuse, du courage d'être ce qu'on est et du désir de changer.

■ 188 p. ■ 15*22 cm ■ 18 € ■

Hervé Broquet présente
30 auteurs belges mobilisent leur plume

Droits de l'homme, j'écris vos noms

Soixante ans, un anniversaire et des défis qui restent immenses à relever. Combat au quotidien, contre les cris des êtres plongés dans la tourmente ou contre la chape de plomb qui emmure des populations entières. Des enfants, des femmes, des politiques, des syndicalistes sont chaque jour victimes de violations de ces droits. Ce livre relit les articles de la déclaration, présentés dans leur intégralité, par le truchement intimiste d'écrivains francophones. Cette approche pédagogique devrait ainsi permettre à chacun de redécouvrir ce texte fondamental, de se l'approprier et de le faire vivre au sein d'un noyau commun de valeurs qui a pour nom Liberté, Egalité et Fraternité.

■ 144 p. ■ 15*22 cm ■ 14 € ■

Questions et débats de société, pédagogie, formation, récits de vie...

www.couleurlivres.be

Table des matières

Table des illustrations

Imprimé en Belgique